Rethinking
Fandom

How to Beat the Sports-Industrial
Complex at Its Own Game

老派球迷  的逆襲

挺球員、背紀錄、重情義，找回看球的初衷與樂趣

前NBC棒球作家
克雷格·卡爾卡特拉 Craig Calcaterra 著
劉宗為 譯

本書謹獻給——

總是坐在便宜座位區的廣大球迷，

他們對球隊的付出遠比他們所獲得的還要多。

目次

第二部 二十一世紀的新球迷

前言——不爽不要看

我一直很欣賞《西雅圖時報》(*Seattle Times*)的體育記者傑夫．貝克(Geoff Baker)。該報社在二〇一九年初賦予了貝克一項職責：報導國家冰球聯盟(NHL)將在西雅圖新成立的球隊，不過它連隊伍名稱都還沒確定，當然也沒有任何球員。事實上，當時離球隊正式參與比賽，還有將近一千個日子。儘管如此，還是有很多事情需要報導，包括該球隊未來的所有權以及經營團隊的組成。此外，西雅圖體育館得大規模翻新，以成為該球隊的主場。經營團隊的諸多決定與財務考量，都會直接影響到球隊的陣容以及競爭力。要從零開始組建出一支職業球隊是非常複雜的，因此，像《西雅圖時報》這樣的大報社，自然就會派出一位記者專職去報導這一整個事件。

貝克所負責的報導還包括另一個項目：他每週必須撰寫一篇專欄文章，以回應球迷的來信與電子郵件。大部分的球迷會探究貝克所報導的內容，也會有人提出一些無關緊要的問題，但他們都對這支新球隊的成立感到極度興奮。有些球迷會跟貝克討論，新球隊有沒有可能出現超級球迷，就像美式足球西雅圖海鷹隊著名的球迷團體：「第十二號隊友」。

事實上，我從未密切關注冰球界的動態，對於西雅圖的運動賽事也不太感興趣，但每當我在推特上看到貝克與球迷們的熱烈討論時，我都感深受感動：一支還沒有名字、還沒有球員的球隊，已經擁有了真正的球迷，甚至還有可能出現超級球迷。終於在二〇二〇年夏天，西雅圖海怪隊（Seattle Kraken）問世，隊徽與代表色也都確定了，而貝克的辦公桌上和電腦裡已堆滿了球迷一年多來的各種意見與提問。

稍微反思一下，就會發現這種現象並不奇怪。任何的粉絲文化——無論是對於賽事、電影、漫畫、電視節目或電腦遊戲的熱愛——都不僅是出自於這些活動本身的趣味。大多數的粉絲不會花太多時間去探究自己為何會成為球迷，也不會去分析看棒球、學針織或賞鳥的成本效益。運動是我們熱愛的事物，看比賽是自動會去做的事情，而球迷是一種身分認同。

歸根究底，粉絲文化與社群活動和歸屬感有關，甚至可說是一種凝聚力。不管是球迷、影迷或書迷，都會湊在一起討論，哪怕是假設性的話題也好。粉絲文化涉及到建立連結、形成有共同興趣的團體。成員們來自不同的背景，所以有這樣的互動很難得，否則在其他情況下彼此是永遠不會有交集的。這是一件非常美好的事情。

粉絲文化中也有負面的事物，畢竟激情會令人失控。「粉絲」這個詞語本身可能是源自於某種不健康的涵義。我們無法確定它是在何時出現的，但語言學家猜想，它應該是出自於十九世紀的棒球隊經理暨球探泰德．蘇利文（Ted Sullivan）。蘇利文在一八九〇年代表示，「粉絲」（fan）是「狂熱分子」（fanatic）的簡稱，意思類似於「怪人」（crank）和「著迷者」（bug）。球迷文化有正面與負面的作用，但它確實是受到非理性的因素所驅使，包含宣洩情緒。

具體來說，球迷文化是對於某球隊的認同感，而這大多是受到家人的影響所致。心理學家研究了球迷文化（這可是個非常非常小的研究領域），不意外地發現，百分之六十的球迷會接觸運動賽事，乃是受到家人的影響，更確切地說，是受到父執輩的影響。因此，這是一種身分認同，而不是自主選擇而來的忠誠。這種身分認同會因友誼、社會風氣、居住位置以及文化慣性等因素而增強。觀看比賽、追蹤體育新聞、將心思投入與其相關的一切事物，都是出於長年的習慣與耳濡目染，而不是從客觀的立場去判斷。

在二〇一八年，研究人員發現，球迷和黨派的支持者會用類似的角度解讀新聞：若媒體指出某支球隊犯錯（如違規或作弊），其球迷會認為是記者有偏見，而不去思考這篇報導的正確性。政治狂熱者也一樣，會認為是特定媒體有敵意，專門攻擊自己所支持的政黨。因此，兩者都一樣，會尋找群體的隸屬感，並以此快速地過濾訊息。成為死忠的球迷後，只要球場上有爭議事件，就會從團體的認同感來做判斷。若有人從客觀的角度批判自己喜愛的球隊，球迷就會解讀為是在攻擊自己。除此之外，球迷會假定，其自身的好惡一定符合球隊的利益；但實際上並非如此。

本書要談的正是這一點：球迷的好惡與球隊的利益經常有所分歧。職業運動聯盟最主要的合作對象，其實是政府、民意代表、媒體以及商業團體，我將這種體制稱為「運動產業複合體」（sports-industrial complex）。本書將說明，球團、政客與商業團體相互掛鉤，為了自身的目的與獲利，會濫用球迷的激情、支持與忠誠度，甚至不惜傷害其所熱愛的球隊、城市以及運動員。有時它們還會阻礙社會正義的發展。本書將探討，在哪些情況下，運動聯盟與產業的共謀分贓，與球迷的喜好是相反的；而身為球迷，我們又能採取哪些行動來對抗。

在政治領域上，我們越來越清楚，投票結果才是最重要的東西；對候選人來說，贏得選舉就是最終的目標，而不是為了實現政策和改善社會弊病。同樣地，各個競選團隊都是敵對的陣營，不是你死就是我活。在運動賽事的脈絡底下，這種氣氛有其特殊的意義，但在政治活動中會產生負面的影響。

與此同時，體育迷和評論員們卻開始像搞政治一樣扭曲事實、無中生有以及到處放話。福斯體育台的評論員斯基普．貝萊斯（Skip Bayless）就極具煽動性，其影響力遠超過懂得理性分析、受人尊敬的專家。由此可見，名嘴式的評論在新聞節目中已蔚為主流，而且比綜藝節目或報紙社論更為偏頗。不久前，全美最大的體育新聞平台SB Nation還提醒它旗下的創作者「運動賽事是壁壘分明的」，鼓勵他們在寫作時要明顯表達對不同陣營的強力支持或敵對意識。同樣地，政論節目的主持人或新聞主播也會刻意去迎合觀眾的偏見。

當然，球迷文化不是徹底有害的；對賽事狂熱有不理性的一面，但也有其價值。我是資深球迷，知道這種熱情多麼吸引人。相關研究指出，球迷的身分可形成認同感、行為動機並改變接收訊息的角度。這是新穎的研究領域，專家也尚未發現，狂熱的球迷容易會有暴力或反社會行為。事實上，死忠的球迷自尊心、自信心和歸屬感都比較高，在生活中容易產生正面情緒，比較不會憂鬱和感到疏離。他們在面對挫折和挑戰時比較樂觀，也能從賽事中找到應對的策略。

因此，本書不是要叫你停止觀看賽事，也不建議你背棄自己所喜愛的球隊。的確，運動賽事裡有很多不好的東西。舉例來說，我已經好幾年不看美式足球了，因為它對運動員身心所造成的傷害，令我十分痛心。我也不再看觀看大專院校的比賽了，因為在運動產業複合體的掌控下，許多球員被迫無償勞動、權益被剝奪。出於良心的責備，我不願為其推波助瀾。這些都只是我個人的決定，不代表我的觀點絕對正確，我也沒有權力告訴你該怎麼做。無論如何，如果你對運動賽事的某些面向感到非常不滿，就該認真考慮是否要繼續觀賞。你不需要任何人來幫你做決定，也不需要先翻閱相關的書籍。

再次強調，我不是要叫你放棄球迷文化，而是要找到方法，繼續熱愛運動賽事中各項迷人的元素，同時又不被運動產業複合體所利用、甚至出賣。在各種生活領域中，無論是家庭、政治活動或宗教團體，都有可能被剝削。運動產業中也不乏心術不正的人士，他們欺騙市民，將自家球隊宣傳成能促進城市發展的萬靈丹，並獲取其他企業得不到的特權和保障。

還有些政客和球團試圖用球隊的勝利來騙取你的公民自豪感，以掩蓋掉其他社會問題。他們都在想方設法從你和政府的口袋中提款，用來建造浮誇又昂貴的體育場；他們聲稱這些建設都是為了公共利益，但最終都變成了富人的娛樂場所。球團的老闆說，蓋新體育場才能打造出冠軍隊伍，但他們念茲在茲的還是賺錢。每當球員擊出全壘打、成功達陣或拿下單場大三元時，球團會賣力宣傳、製作紀念商品，但球員要求合理的報酬時，球團卻在談判桌上打壓球員、剝奪其勞動權益。財團與政客合謀，推動有害、妨礙社會進展的政策，遇到質疑的聲浪時，就指責民眾不忠誠或不愛國。

在本書的第一部分，我將聚焦於運動產業複合體的權力結構；奠基於廣大球迷的忠誠、奉獻和熱情，並以此來謀利。在其影響下，許多人從年輕時就開始為喜歡的球隊加油助威，一輩子不離不棄、永遠支持，甚至討厭已出走的球員。有些球迷不在乎地方的最佳利益，只為了支持自己喜歡的球隊。如果有人質疑或批評運動產業複合體的所作所為，就會不自覺地產生罪惡感，認為他背叛了自己所支持的球隊，甚至是不愛國。

在本書的第二部分，我將提出具體的方針，讓球迷朋友們能繼續熱情地欣賞運動賽事、參與球迷文化，並減少連帶的負面影響，不讓自己被運動產業複合體所利用和操控。

許多球迷都會感到自己無能為力，無法對抗龐大的運動產業複合體；畢竟後者有權有勢，擁有球隊的經營權、有錢雇用球員。它們掌管了球隊的傳統、代表色、制服款式、甚至是傳奇，而我們對賽事的熱愛和對球隊的支持，都與此密不可分。但事實上，球迷並非完全無能為力。我們無法阻止球團的惡劣行為，但可以不被它情緒勒索。接下來，我將陪你檢視自己的人生與運動賽事的關係、用各種不同的角度去欣賞與參與賽事，並從根本上重新思考球迷文化。

第一部

球迷的怒吼

第1章

老派球迷的消逝

我在一九八五年成為MLB亞特蘭大勇士隊的球迷，當時陣中的明星球員是外野手戴爾．墨菲（Dale Murphy）。除此之外，我還喜歡：

一壘手鮑勃．霍納（Bob Horner）
游擊手拉斐爾．拉米雷斯（Rafael Ramírez）
三壘手肯．奧伯凱爾（Ken Oberkfell）
二壘手格倫．哈伯德（Glenn Hubbard）
先發投手里克．馬勒（Rick Mahler）
後援投手吉恩．加伯（Gene Garber）

他們到了一九八六年球季都還留在勇士隊中。然而在一九八七年，霍納去日職養樂多隊打球，加伯被交易到堪薩斯皇家隊。接下來在一九八八年，拉米雷斯被交易到休斯頓太空人隊、奧伯凱爾到匹茲堡海盜隊，哈伯德成為自由球員去了奧克蘭運動家隊。在一九八九年，馬勒與辛辛那提紅人隊簽下了自由球員合約。最後，在一九九〇年，勇士隊將戴爾・墨菲交易到費城費城人隊。

在一九八五年到一九九〇年期間，勇士隊變得很糟，有四個賽季的排名墊底，另外兩個賽季排名倒數第二。然而在一九九一年他們完全扭轉局面，從最弱的球隊變成最強的隊伍，並贏得了國家聯盟冠軍，甚至僅差一勝即可獲得世界大賽冠軍（跟明尼蘇達雙城隊戰到最後一場）。那年整個賽季我都瘋狂地在為勇士隊加油，儘管我喜歡的球員都被交易出去或離開了。事實上，一九八五年的勇士隊班底早就消失了，當中沒有任何一名出現在一九九一年的國聯冠軍隊名單中。

羅馬哲學家普魯塔克當然不是棒球迷，但藉由他所提出的「忒修斯之船」（Ship of Theseus），我們便能完全理解那幾年勇士隊以及往後職業運動隊伍的經營模式：

> 在希臘神話中，忒修斯和其他年輕人經歷了重重難關從特里克島返回雅典，而他們所搭乘的那艘船有三十支槳。該船後來被雅典人保留下來作為紀念，還保存到哲學家法勒魯斯（Demetrius Phalereus，西元前三五〇至二八〇）的時代。幾百年來，他們陸陸續續將船上破舊腐蝕的木板取下，換上新的、好的木料。後

世哲學家常常用這艘船當例子，用來討論事物變化的邏輯問題：有一方認為那艘船仍舊是原本的船，而另一方則主張它已經不是同一艘船了。

長期下來，那艘船上每塊木板都換過一次了，那麼它還是原來的船嗎？如果不是，那又是在哪個時間點失去了忒修斯之船的特徵呢？只是換掉一塊木板就不成問題，但若有一半以上的木板都是新的呢？如果勇士隊的老將全都被交易到費城人隊，那哪一隊才是真正的勇士隊？

幾個世紀下來，各派的哲學家（大概都不是棒球迷）針對這個悖論提出了許多解決方法，但沒有一個能讓眾人心悅誠服。有些人認為，只要換過的木板超過一半，就不再是原本的船了，正如亞特蘭大勇士隊的明星球員先後走了一大半。不過，小時候我從來沒有感覺到：「不！那已經不再是原本的勇士隊了！」畢竟有些替換後的木板——湯姆．葛拉文（Tom Glavine）、約翰．史莫茲（John Smoltz）以及大衛．賈斯提斯（David Justice）——都是很厲害的選手。

其他哲學家則聲稱，事物一有變化，其同一性就蕩然無存了。據此，在霍納離開勇士、加入養樂多燕子隊後，就不再是我原本所喜愛的那支球隊了。這種說法顯然相當荒謬。雖然球員經常在不同球隊間遊走，但球迷也不會每年都重新選擇自己要支持的隊伍，更不可能在球季內變來變去。再說，當時霍納已經開始發胖、體能過了巔峰期；那塊木板的確是該被換掉了。

另一個解決方案來自奧地利哲學家維根斯坦。他直接跳過那些令人絞盡腦汁的哲學討論，而是建議大家，「忒修斯之船」可以應用在你喜歡的任何事物上。換句話說，一切都是相對的：一九八五年、一九九一年和二〇二二年的勇士隊都是同一支球隊。就盡情去歡呼喝彩吧！

我認為，維根斯坦的解決方案就是大部分球迷的因應之道，反正球員總是來來去去、陣容每年都會更動。然而問題在於，球迷這麼做正是在為企業的商標、代表色和圖像加油。喜劇演員傑瑞・史菲德（Jerry Seinfeld）因此開玩笑說：「既然每年隊上的球員都不同，那麼仔細想想，身為球迷就是在支持那件球衣，盲目地為它加油吶喊。」

史菲德講出這個笑話時，美國職棒的自由球員制度（free agency，簡稱FA）才存在十五年而已，而當今職籃和美式足球通行的自由球員制也才落實沒幾年而已。心愛的球員在某個時間點突然離開原本所待的球隊，球迷都會感到好奇甚至不安。體育專欄作家會藉此抨擊球員的貪婪與不忠誠，富有的球隊老闆也聲稱，若要付高薪留住這些自由球員，球團就會破產。真實情況遠非如此。然而大多數的球迷卻都接受了這些說詞，所以不再將球員視為偶像或英雄，而是球團的傭兵。隨著球員的來來去去，球迷對於球隊、隊徽和球衣的依戀便更加牢固，就如同雅典的忒修斯之船一樣。

從崇拜球員到崇拜球衣

我們會為某支球隊的象徵和球衣加油歡呼，是出於某些心理因素。正如前文所述，有些球迷認同是從家族繼承而來的，也通常是以地區為劃分基礎。雖然球員來來去去，但「某某城市的驕傲」填補了我們內心的缺憾。這種地方認同其實與球賽本身無關。有些專業的球迷是為了欣賞力與美而去觀看賽事，但更多球迷是喜歡壁壘分明的對立感（但這種心態也沒有錯）。

傳統的地方認同感能激發球迷的熱情和動機，但近年來新式的球迷文化卻越來越跟運動脫節。

針對球員在場上表現，許多統計專家運用了大量數據來進行高等分析，亦即賽伯計量學。麥克．路易斯（Michael Lewis）在二〇〇三年的暢銷書《魔球》正是在談這門學問，還有人據此改編成了電影。賽伯計量學等棒球統計學存在很久了，但在路易斯的著作問世前，握有實權的球團管理階層鮮少根據統計數據下決策。不過到了二十一世紀，情況大大改變了，現在人人都很重視數據分析，球團在評估球員的能力與價值時，也改用了全新的方法。

在《魔球》裡，對賽伯計量學感興趣的年輕管理階層有如渺小的大衛，必須對抗巨人歌利亞，也就是老一輩的球團掌權者。運動家隊的經理認為，舊的思考框架和評估方式欠缺效能，不如改用進階的數據分析法。因此，他簽下優秀、有用但卻遭到忽視的球員，並以低成本建立起具有競爭力的隊伍。這種奮鬥的故事吸引了許多球迷，特別是那些熟悉統計分析的人；他們懂得用賽伯計量學去評估球員的表現，也鑽研過球隊的運作模式。反過來說，老派方法就有很多限制，哪怕是經營球隊多年、具有威望的前輩，也跟不上時代了。

結果，球迷就更加推崇那些聰明、能善用賽伯計量學的高階主管。事實上，他們都是在為球團加油歡呼。是的，老派的棒球人確實有問題，但在談合約的球員也連帶受害。賽伯計量學的支持者都在讚揚花小錢組王牌球隊的管理者，並取笑對數字不精明的守舊老闆。大家都在討論，有哪些球團看走了眼，付了過高的薪資給中看不中用的棒球明星。他們依舊是在為球隊加油，但受到讚美的是管理階層而不是球員。

另一個更加走鐘的球迷文化出現在冰球場上。球迷和媒體都害怕這項運動被邊緣化，所以竭盡全力去宣傳，說這是最優越的競技運動。他們都吹噓說，冰球運動員勇猛頑強，不容易因傷缺賽，上場後也不驕縱，就像藍領工人那樣苦幹實幹。總而言之，冰球選手既高尚又有道德；球迷光是欣賞比賽還不夠，還要讓這項運動變成最頂級、最受歡迎的賽事。對他們來說，場上最重要的不是球隊或球員，而是其他事物。

類似的現象在大學賽事中也越來越常見，有些球迷不光是對所愛的球隊及球員死忠，對整個地區聯盟也一樣支持。舉例來說。阿拉巴馬大學與中西部的「大十聯盟」(Big Ten Conference) 球隊比賽時，有些喬治亞大學的球迷會到場加油。因為阿拉巴馬大學勝利的話，這兩所大學所同屬的東南聯盟 (Southeastern Conference) 就會受到矚目，喬治亞大學在體育界裡的地位就會提升。同樣地，在美國大學體育協會 (NCAA) 舉辦的賽事中，有些奧克拉荷馬大學的球迷會跑去支持原本的死對頭堪薩斯大學，因為兩隊都屬於「大十二聯盟」(Big 12 Conference)。不過，若回到地區聯盟的賽事中，這些球迷就會回到母隊，不再為其他球隊加油。體育心理學家常提到，球迷加油的動力是來自於敵我的內外之分以及歸屬感。因此，這種為死對頭加油的行為有點違反常理。

我所見過最為脫節的球迷心態，應該是與NFL有關。在過去十年，該聯盟的總裁羅傑·古德爾(Roger Goodell)毫不掩飾地表示，該聯盟的各項業務，包括行銷、電視轉播、公共關係、聯盟管理和球員紀律等，都應該以「保護盾牌」作為最優先考量，也就是聯盟本身的代表商標。古德爾用這個說法來描述他對於NFL的運作、形象及收入所肩負的職責。對古德爾來說，他得善盡工作上的職責，也就是增加聯盟的收益。然而，「保護盾牌」已滲透到該聯盟的營運與辦公室以外的其他領域。針對相關的批評，古德爾的回應方式定調了聯盟的價值與特質。NFL販售著印有盾牌的帽子、T恤和連帽衫，而為數眾多的球迷還真的買單。

他們膜拜球衣、為球隊的制服組及其高層加油，用抽象的角度與高傲的心態去看球。他們擁抱NFL的商標，成為整個聯盟的後盾。事實上，這種文化是在呈現某種消費模式，且完全悖離了單純看球、欣賞運動員表現的傳統，也不再與志同道合的球迷組成小圈圈。在消費文化下，只要球場內外發生某些有違我們個人理念的事情，我們內心便會感到非常矛盾。

球員的私德問題

我和大多數的球迷一樣，從很小就開始喜歡看球賽。許多人受到媽媽、爸爸或哥哥姊姊的影響，會一起觀看比賽。有些人喜歡享受球賽上的娛樂效果和驚奇感，和家人、朋友也因此有話題可聊。有些人很早就意識到，即便摒除掉這些外在因素，單純觀賞球賽就很有意思了。

在年幼時期，欣賞賽事不會受到太多外在因素干擾，因為那時我們對於真實世界並未了解太多。然而隨著年齡增長，你知道的事情多了，道德的指南針也發揮作用。你逐漸發現真實世界如何對賽事、球隊以及運動員造成負面的影響。假如你不善於將錯的事情合理化，也難以分隔互相衝突的想法與感受，那麼在思考賽事中的現實問題時，就會發現一大堆無解的困境。比方說：

假如你是紐約洋基隊的球迷——

某一年，洋基隊在美聯冠軍賽打到第七場，而那場比賽的先發投手將是多明戈．赫曼（Domingo Germán）。這時，你心中會出現什麼樣的感受？

二〇一九年，赫曼在一場慈善晚會上毆打了女友，她情急之下將自己反鎖在壁櫥裡並呼叫求救。赫曼因此遭到聯盟禁賽八十一場。

如果緊接在赫曼後上場的救援投手是阿羅迪斯．查普曼（Aroldis Chapman），那你的感受又會是如何？他在二〇一五年也打了女友、還勒住她的頸部，最後憤怒地向牆上連開了八槍。

假如你是奧克蘭運動家隊的球迷——

這支球隊上一次贏得世界大賽冠軍是在一九八九年，但那次奪冠的多名功臣經證實都使用了類固醇（聯盟規定的禁藥）。你可以接受這樣的事情嗎？

假如你是布魯克林籃網隊的球迷——

你也很喜歡陣中最大咖的明星球員凱文．杜蘭特（Kevin Durant），但他於二〇二一年在網路上發表鄙視同性戀以及仇女的言論。這時，你要如何化解對他的矛盾情緒？NBA也沒有懲處杜蘭特。基於這項負面事實，你還會熱情支持職籃嗎？

假如你是亞特蘭大勇士隊的球迷——

三十多年來，勇士隊在比賽後半段發起反攻時，主場就會播放帶著傳統戰鼓聲的〈戰斧之歌〉（Tomahawk Chop），而球迷們會跟著歡唱，並用海綿戰斧做出劈砍的動作。

不過，球隊的小名是「斧頭幫」，隊徽也有斧頭圖案。這些跟球隊有關的象徵事物，都跟百年來美國人對原住民的歧視以及刻板印象有關。身為勇士隊的球迷，你要如何面對這些事實？

如果你是休士頓太空人隊的球迷——

你是否還願意穿著你的「二〇一七年世界大賽冠軍」T恤？儘管如今已證實，太空人隊當年在精心策劃下偷對手的暗號，好在比賽中佔有優勢。

若你支持的球隊其老闆捐了大量的政治獻金給主張陰謀論、支持種族主義和反猶太主義的偏激候選人，你會做何感想？

就算你沒有支持特定的球隊，對以下現象也會感到困惑：

包括網球名將小威廉斯、以及足球員梅根·拉皮諾（Megan Rapinoe）和亞歷克斯·摩根（Alex Morgan）在內的女性運動員，雖然表現非常傑出，甚至比許多男性選手更強，但她們的收入卻少很多。

自從黑人棒球員獲得真正的平等待遇以來，當今黑人球員的數量竟然不降反升？就算黑人球員成功站上了棒球舞台，拉丁美洲球員在各級棒球賽事中也佔有相當大的比例，但經理、教練和高階主管絕大多數還是白人。

美國大學一級籃球聯賽NCAA的主辦單位每年都賺了十億美元，來源包括門票、轉播權利金、企業贊助和電視廣告，但除了少數精英球員外，其他參與賽事的年輕球員卻連一分錢都賺不到。許多球員還因為不小心接受非官方贊助商所提供的免費食品而遭到除名、踢出賽事，甚至連運動生涯都不保。

在美式足球運動中，球員不斷互相撞擊（尤其是頭），因而導致慢性創傷性腦病變，以及出現自殺念頭、憂鬱症、失智症等身心疾病。

這些事情不是偶發的個案。任何一支球隊都可能受到它們的影響。經證實，數百名球員曾涉及家庭暴力、支持種族主義、排斥同性戀或歧視女性。這些醜聞都會傷害賽事、聯盟和球隊的聲譽。男性與女性運動員的不平等待遇相當普遍。球迷在比賽中獲得娛樂和消遣，球員的身心卻受到種種傷害；他們就像是古羅馬競技場上的角鬥士一樣，一點也不自由。這些經營球團的億萬富翁都可算是道德卑劣的人。

身為球迷的我們確實會感到無能為力。不過你可以抵制施暴者和種族主義者，並把他們的惡行當作負面教材，用來自我反省、教育孩子和倡導正確的價值觀。確實，你可以合理地懷疑自己，想想看是否要繼續支持那支球隊以及相關的賽事。

嚴格來說，各個領域都有種族和性別歧視、作弊、剝削以及偏激的政治立場等問題，無法僅在運動的脈絡下解決。但我們可以有所反擊。運動產業複合體企圖利用你的忠誠來滿足其自身利益，但球迷有責任去揭露出這些惡質的行為。在接下來的章節，我們將深入討論更嚴重的案例。

第2章

球隊拯救了城市？

二〇一九年，《今日美國》（*USA Today*）刊載紐約大都會隊奪冠五十週年特輯。記者訪問了一九六九年其陣中的明星球員克里昂．瓊斯（Cleon Jones）、巴德．哈瑞爾森（Bud Harrelson）、阿特．沙姆斯基（Art Shamsky）等人。當年大都會隊戰績最差，卻締造了棒球史上最令人驚奇的冠軍之旅。

奪冠的球員們親口講述這些令人難忘的回憶，讀者也非常陶醉。不過，這類報導常常會失真、過於戲劇化，並充滿作者個人的觀點。他認為，大都會隊為那個世代的紐約棒球迷創造美好的回憶，甚至是整座城市的救世主：

> 當年奪冠的球員們將於今年六月底在紐約市聚首，一起重溫五十年前那段美好的回憶。當時，大都會隊讓整個棒球界跌破了眼鏡，可說是歷史上最受球迷喜愛的球隊。
>
> 坦白說，一九六九年的大都會隊振興了一個崩壞中的城市，治癒了這個動盪不安的國家。這些球員讓世人看到，看似不可能辦到的事情，如何變成可能，又變成令人難以置信的成就。這種奇蹟只有在運動賽事中才會出現。

如今，我們可以平心靜氣來回想一下當年的情況。該名記者宣稱，大都會隊振興了紐約市，但就在七〇年代初期，市府就陷入破產邊緣，接下來的二十五年，城市依舊貧困，且發展衰退、犯罪率飆升。該名記者宣稱大都會隊「治癒」了當時的美國，但如今我們知道，一九六九年世界大賽最後一個出局數出現後，美國人民目睹了許多非常糟糕的事情：

- 阿爾塔蒙特事件（搖滾樂史上最惡名昭彰的演唱會，現場發生多起命案和竊盜案，間接導致嬉皮時代的終結）。
- 美軍對柬埔寨的轟炸升級。
- 肯特州立大學的學生在示威行動中被國民兵槍殺。
- 恐怖組織「地下氣象員」（Weather Underground）在美國境內發動多起炸彈攻擊。
- 警方在墨裔反戰示威中槍殺拉丁裔記者魯本·薩拉查（Ruben Salazar）。
- 對學生不滿的紐約市工人團體發起了安全帽暴動（Hard Hat Riot）。

在五十多年後的今天回首前塵，實在很難說當年的紐約大都會隊治癒了什麼，包括球隊本身；自那年之後，這支隊伍就每況愈下。

這樣說或許對當年的大都會隊有點失敬，但我要強調的是，「球隊治癒了城市（或國家）」的論述非常膚淺，令人翻白眼。這類報導充滿了穿鑿附會的情節，並淡化各種衝突的根源，包括貧窮、犯罪、經濟衰敗、自然災害和恐怖活動等。作者只想美化球隊的奪冠之旅，甚至描繪成心靈膏藥，所以才會用「治癒」和「振興」等詞彙。

這類報導都有相同的套路：

- 將社會上的諸多衝突事件胡亂拼接在一起。如果是關於一九六〇年代的報導，拍攝者還會穿插「動盪年代」的相關新聞，並將水牛春田樂團（Buffalo Springfield）的歌曲〈或許是徒然〉（For What It's Worth）當作背景音樂。
- 球團有一連串的改造與變動。
- 昭告天下：球隊的未來絕對會更好。

不管城市陷入哪種困境，只要其球隊踏上了冠軍之路，或地方政府負責主辦重大的運動賽事，就會出現類似的論調。底特律的老虎隊（棒球）、紅翼隊（冰球）以及活塞隊（籃球）都被賦予這種使命，媒體都說，奪冠緩解了該城市的動盪不安、貧窮和投資不足等問題。二〇一三年，波士頓馬拉松爆炸案發生後，紅襪隊也成為安慰人心的焦點。總而言之，大家都喜歡把城市的命運跟其隊伍的戰績混為一談。

老虎隊促進了種族融合？

最典型又常見的例子，就是一九六八年底特律老虎隊拿下世界大賽冠軍的故事。大家都說，在一九六七年的底特律暴動後，老虎隊「治癒」整座城市。那場暴動造成了四十六人死亡，近兩千人受傷，兩千五百多家商店家被燒毀。每當人們談論到老虎隊時，都是以暴動事件為故事場景，而隊伍奪冠是動人的結局：這支球隊把分裂的城市團結在一起。這是個啟發人心的故事：美國長久以來的種族和階級問題，都因為老虎隊的奪冠而消弭；市民團結一心，以防止再次爆發大規模暴動。事實上，後來真的沒有再發生類似的事件，所以大家都深信，老虎隊當年「治癒了這座城市」。

一九六八年九月十七日，底特律老虎隊以二比一擊敗了紐約洋基隊，贏得了美國聯盟冠軍。次日，《底特律自由報》（*Detroit Press*）在頭版報導中寫道：「底特律老虎隊贏得美聯冠軍的一瞬間，數以千計的黑人與白人在市中心的街道上不分彼此，融為一體。無論是哪種膚色，每個人都興高采烈。」底特律的專欄作家福爾斯（Joe Falls）在《體育新聞》（*Sporting News*）上告訴全國讀者：「我的城市需要宣洩，一個能釋放壓抑情感的出口。我們在棒球中找到了紓壓的管道，雖然這是一群大男人在玩小孩子的遊戲。」

哈里根（Patrick Harrigan）在一九七七年出版了《底特律老虎隊：球隊與地方的連結，一九四五年至一九九五年》（*The Detroit Tigers: Club and Community 1945-1995*）一書。他寫道，老虎隊在一九六八年擊敗聖路易紅雀隊、贏得世界大賽冠軍時，球隊老闆費策（John Fetzer）向球隊經理梅奧．史密斯（Mayo Smith）說：「你不僅贏得了聯盟冠軍和總冠軍系列賽，還拯救了這座城市。」二〇〇二年，HBO推出紀錄片《燃燒的城市：一九六八年底特律老虎隊的故事》（*A City on Fire: The Story of the '68 Detroit Tigers*），不但引用了費策的話，結尾還提到：「這支球隊就算沒有拯救了汽車城，但毫無疑問地，它至少慢慢痊癒了。」

事實上，當年有在關注底特律實際情況的居民，以及理解城市後來發展的民眾，都不會採信上述的說法。老虎隊贏得聯盟冠軍、拿下世界大賽後的幾天內，底特律的群眾滿懷喜悅，犯罪事件也顯著減少了。當地的精神科醫生洛溫格（Paul Lowinger）接受《底特律自由報》(*Detroit Free Press*) 採訪時表示：

> 這種和諧狀態是起自於在快樂中釋放出憤怒感，令人感到一切都是那樣的美好，就像上教堂做禮拜一樣。問題在於，這種感覺並不會持續太久。所以我沒有太樂觀。要是底特律的市民得靠贏得聯盟冠軍和世界大賽才會過得好，天可憐見，那我們慘了。老虎隊在這二十三年來只贏過一次聯盟冠軍。

儘管如此，「老虎隊治癒了底特律」，至今球迷仍然津津樂道，就連知道底特律後來有多慘的民眾，竟然也時常把這句話掛在嘴邊。當年的王牌投手羅利奇（Mickey Lolich）在世界大賽中奮力對抗紅雀隊，最後拿下了三場比賽的勝投，但種族間的仇恨與不信任並沒有消失，白人紛紛搬離底特律、投資人紛紛撤離。底特律失去了人口、工作機會和稅收，在接下來的幾十年，這座城市只剩下貧困、犯罪和絕望。

意外成為「希望」的聖徒隊

關於球隊的治癒力，另一個大家經常提的例子就是NFL的紐奧良聖徒隊。卡崔娜颶風重創了路易斯安那州，但球隊給大家帶來了希望。二〇〇五年八月，聖徒隊的「路易斯安那超級巨蛋」收容了數千名災民，因而受到國際關注。但從人道主義的角度來看，美國政府未能適時且負責任地應對這場災難。颶風嚴重破壞了該場館，導致了停電與漏水等問題，災民們叫苦連天。在接下來的賽季，聖徒隊也只能借用其他體育場作為主場，包括聖安東尼奧的阿拉莫巨蛋球場、巴頓魯治的老虎體育場以及紐澤西州的巨人體育場。

到了二〇〇六年賽季，聖徒隊才重返路易斯安那超級巨蛋，而場館已修復和翻新好了。在第一場例賽中，聖徒隊球員格利森（Steve Gleason）擋下了亞特蘭大獵鷹隊的棄踢，隊友德洛奇（Curtis Deloatch）於是在達陣區拾起球得分。聖徒隊贏得了該場比賽，一掃前一年三勝十三敗的悲慘陰霾。接下來，球隊展開了隊史戰績最佳的賽季，最終打進了冠軍賽。三年後，聖徒隊擊敗印第安納波利斯小馬隊，贏得了第四十四屆超級盃冠軍，隊史的第一個冠軍。二〇一二年七月，一座名為「重生」的雕像豎立在超級巨蛋球場外，那正是當年格利森擋下對手棄踢的畫面。有記者評論道：「格利森擋下了對手的棄踢，那英勇的表現銘刻在聖徒隊的傳奇中，也象徵紐奧良這座城市在面對重大災難時的韌性」。

一開始，聖徒隊只是展現韌性的「象徵」，但幾年下來，不少人卻把它當成城市復甦的實質起因。二〇一五年，「全美廣播公司商業頻道」（CNBC）的一則報導指出：「聖徒隊提振了這座城市的士氣，從長期來看，也增加了該城市的財富。」記者認為，紐奧良的經濟真的變好了，而球場附近的餐館和酒吧更是業績翻倍。有位民眾受訪時聲稱：「聖徒隊對於紐奧良市民是有感染力的。所以在它回到超級巨蛋主場的那年，我就買了季票來感謝球隊。」值得注意的是，聖徒隊本來沒有打算成為「韌性」的象徵，在卡崔娜颶風肆虐紐奧良後的那幾個月，球團的老闆湯姆・班森（Tom Benson）努力在幕後操盤，試圖將聖徒隊搬去另一座城市。

當時聖徒隊已在聖安東尼奧設立了臨時總部和練習場地，班森還與當地市長和德州州長瑞克・佩里（Rick Perry）合作，希望聖徒隊能在此建立永久的家園。也有傳言指稱，儘管ＮＦＬ公開表示希望聖徒隊回到紐奧良，但私下更希望它搬到當時還沒有球隊的洛杉磯，或是多倫多也不錯，畢竟聯盟一直很想拓展加拿大的市場。二〇〇五年十月初，班森解雇了聖徒隊的副總裁，因為他不願保守球隊將搬遷主場的秘密。不久後，聖徒隊在巴頓魯治比賽，班森被憤怒的球迷報以噓聲。後來他提前離場，以免自己與家人受到言詞辱罵甚至攻擊。

接下來幾個月，事態漸趨明朗，超級巨蛋的修復工程進度超前，可在二〇〇六年賽季前完成。既然有球場可用，班森就找不到搬遷主場的藉口，而公眾給他壓力也越來越大。最終，他同意讓球隊繼續留在紐奧良，並意外成為「韌性的象徵」。想當然耳，這個象徵沒有實質的影響力，紐奧良受到颶風肆虐後，不但百業等待復興，種族問題和經濟不平等依舊很嚴重。白人居住的富裕社區不但重建快，商人的投資也回流；但黑人社區依舊貧窮，結果導致將近十萬名黑人居民往外討生活。由此可見，天災後過得還不錯的，只有運動酒吧的老闆和聖徒隊的季票會員。

贏球不能掩蓋社會不公的事實

某些人甚至聲稱，職業賽事可以徹底療癒各式各樣的社會悲劇。然而，至今為止，最令人震驚的慘案，就發生在二〇二〇年底我所居住的俄亥俄州哥倫布市。

二〇二〇年十二月四日，富蘭克林郡的一位副警長朝一名黑人男子凱西・古德森（Casey Goodson Jr.）的背部開槍，導致他中彈身亡。副警長與古德森發生對峙的原因不明，後者沒拿槍，也不是犯罪嫌疑人。副警長前往該社區是要調查另一件事，而古德森只是手拿著三明治走進他奶奶的家，就遭逢不測。在黑人被警察擊斃的諸多案例中，員警身上都沒有佩戴密錄器，這位副警長也是。事發後，官方報告疑點重重，充斥著諸多矛盾，無法清楚說明事情的來龍去脈。

古德森遇害後數日，哥倫布機員隊擊敗了西雅圖海灣者隊，贏得了美國職業足球大聯盟（簡稱MLS）的冠軍。次日上午，哥倫布基金會（成員都是有錢又有權的精英）的執行長向成員發表一封公開信，其內容如下：

> 過去這一週充滿著血、汗和淚水。凱西・古德森的背部遭受致命槍擊，血染大地，他的死亡對其家人和整個地方都是悲劇和損失。此外，俄亥俄州本週的新冠確

診病例增加了百分之四十一，醫療人員汗流浹背、辛勤地付出，要全力拯救百姓，還要防止他們做出錯誤的醫療行為。人民的淚水無法止歇，還要應付各項事務，包括維護家園、養家餬口、教育孩子。

然而就在今天，一覺醒來我們突然發現，這裡再次成為了一個冠軍城市。哥倫布機員隊，由多元、國際和本地人才所組成的球隊，運用意志力克服了種種不利因素，贏得了MLS的冠軍金盃。

我們非常需要這樣的好消息，在經歷了艱苦、失落和恐懼的一週後，勝利的汗水和眼淚是如此的珍貴。機員隊展示了毅力、決心和技能，非常鼓舞人心。在地方全體的支持下，它也才有今天的成就。感謝所有參與其中的夥伴，他們提醒了大家，只要下定決心，就能克服一切難關。

為了這次的勝利，眾人辛勤努力；為了歡慶冠軍，城市施放煙火、一同高歌歡唱。這些令人振奮的感受都會轉變為珍貴的記憶。我們下定決心，之後的每一天都會全力實踐正義、熱情、善良和慷慨，共同譜寫我們城市的歷史。

這位執行長並沒有直接說：「因為哥倫布機員隊贏得MLS冠軍，眾人才能走過傷痛，放下凱西．古德森所遭遇的不幸。」但他確實表示，大家都因為奪冠而心情變好了。他把警方不當用槍和球隊奪冠放在同一個脈絡中，彷彿它們只是日常會發生的高低起伏，「感謝上帝，幸好足球隊沖刷掉所有的不愉快了」。值得注意的是，他提到因為「地方支持」，哥倫布機員隊才得以奪冠。但對於熟悉隊史的人來說，這是慷他人之慨。當初是哥倫布基金會去跟政府要資源，用納稅人的錢建造新球場，否則球隊差一點就要搬去德州的奧斯汀了。一般民眾難免會認為，企業的慈善行為和言論，都是以追求財富為最終目的。但這封公開信彷彿在說：「大家看看，因為我們當初爭取公共資源，新球場才得以興建。否則這座城市還會沉浸在謀殺案的陰影中。多虧了我們的積極努力，當前的情況才大為改善。」

不過，「奪冠改變了一切」這種論調在紐奧良和底特律發酵了許多年，但在哥倫布市只有維持一陣子。事實上，讀到這封信的人非常多，不光是哥倫布基金會的成員，所以頓時引起了相當大的反彈聲浪。信件公開後還不到二十四小時，執行長便發表了道歉聲明，他在推特上寫道：「凱西的生命被剝奪是一場嚴重的悲劇，不該與其他的社會困境和事件擺在一起討論。我本意是要向凱西和他的家人致敬，但現在我知道我錯了。」

從比賽的角度看比賽

無論具體細節為何，「球賽治癒了城市創傷」的敘事都犯下了相同類型的錯誤。在輕微的案例中，作者誇大了賽事的重要性，以為買門票入場的觀眾（通常是有錢的白人）就是大眾，而他們看得開心、整個社會都開心。這些作者忽略了城市的實際情況，而只關心膚淺的城市象徵。他們還混淆了相關性和因果關係。沒有證據顯示，球賽能改善社會的潛在問題。所以我常常覺得，只有那些評論員、紀錄片製作人以及資深的球迷，才會覺得社會因球賽而變好了。

當然，城市遇到困境時，球賽還是能發揮一點作用，不少球迷因此感到快樂，哪怕受到逆境和重創也能得到一點安慰。沒被天災人禍影響的人，更會覺得球賽有辦法「治癒」城市。他們認為，在球員舉起冠軍盃的那一刻，受創的同胞就能感受到那道神奇的能量。對於參與賽事的人來說（尤其是球員），奪冠的興奮之情會在生命中延續更久，也更覺得社會情況普遍改善了。

不論如何，這些都與「治癒」無關。賽事結束時，你我可以若無其事地回家或者關掉電視，但經歷過創傷事件、受到系統性壓迫而無法脫困的受害者，卻得繼續承受折磨。不管是一九六八年底特律老虎隊奪冠、一九六九年大都會隊贏得世界大賽、二〇〇五年紐奧良聖徒隊贏得超級盃或二〇二〇年哥倫布機員隊贏得冠軍，各地依然有許多市民身陷痛苦之中。當然，城市遭逢逆境時，主場球隊所贏下的每一場勝利，都令人感到愉快，雖然那只是暫時地轉移焦點。更何況，不是每個人都有幸能夠享受這種暫時的分心，而且這也不是「治癒」。

只要職業賽事繼續存在，「贏球救城市」的敘事絕對會再出現。總會有人將城市與主場球隊的命運連在一起。運動產業複合體必須利用球迷的盲從與死忠，所以才會有人繼續講這些故事。

第3章

蓋球場：爽到球團、苦到納稅人

一九八九年的電影《夢幻成真》(*Field of Dreams*)中有一句膾炙人口的台詞，就算沒看過這部電影的人也都聽過。但事實上，大多數的人並未了解它的真意。

大家都把它記成了「蓋了球場，『他們』就會來」，但是事實上，這句台詞是「蓋了球場，『他』就會來」。凱文．科斯納飾演的主角雷伊在玉米田裡遇到一個鬼魂，後者懇求對方建造一座棒球場，但並沒有承諾說會有許多人前來；其實只有一個人會來，那就是雷伊的爸爸。在後續的情節中，雷伊和他的朋友泰倫斯討論球場的收費方式，以拯救雷伊瀕臨破產的農場，但那個鬼魂想建球場的動機不是為了賺錢。

運動產業複合體打算興建新的球場或體育場（通常是用納稅人的錢）時，球迷們也誤解了它的動機。不過，電影的觀眾只是記錯台詞，球迷卻是被騙了。球團承諾會為城市創造巨大的財政收益，還利用球迷的公民自豪感。它說服政府，只要花大錢興建新設施，市民就能享受勝利的喜悅。

但結果顯示，許多球場、體育場和競技場都是建立在虛假的承諾之上。球團拿出來源可疑的報告宣稱，只要多多舉辦賽事，人群就會來，當地的餐廳、酒店和商店就有錢賺，城市的經濟和知名度都會提升。然而這些報告缺乏真憑實據，不但沒有指出實際的效應，甚至充斥著滑稽的虛假內容。球團只想要左右官員和選民的想法，讓他們乖乖拿出稅金去建造體育館。

事實上，許多客觀與專業的報告都指出，從整體經濟來看，納稅人所資助的體育館一定會賠錢，因為興建與維護的費用高過於收益。儘管如此，地方政府每隔一段時間就籌劃要蓋體育館，民眾也將此看作是像道路或學校一樣的公共設施。球團認養、使用這些場館，球隊也冠上城市的名字，甚至還將自己當成公共機關。

某地若擁有一支球隊，確實能創造一些公共利益，這當中包括無形的資產。想想看，眾多陌生人聚在一起為勝利喝彩、為輸掉比賽感到惋惜，是多麼有群體感。來自不同背景、生活方式和意識形態的人們因此有了交集，多少也化解了彼此的差異。因此，球隊的確可看成是地方的公共設施，並多少提高居民的生活品質。舉例來說，奧克拉荷馬市的選民批准政府用數百萬美元來翻新體育館，以吸引NBA的雷霆隊進駐。市府官員也將此當成施政目標：奧克拉荷馬市會成為名揚四海的「運動大城」。我們很難衡量這個目標對一個城市會有什麼影響，但擁有第一級的職業球隊，的確會讓大眾另眼相待。市政府的確誠實地表達出其意圖。

球場開始變成商用建築

在一般情況下，「名揚四海」並不是新建或翻新運動館的目的，也不是球團推銷球隊的焦點。球團通常會強調，新場館將成為經濟利器，並有助於保持球隊的競爭力。有時這不是承諾，而是一種威脅：「如果你們不出資建設新球場，球隊就不會落腳在這座城市。」無論球團搬出哪套說詞，在籌集資金時，一定會再三強調場館是「全民的」。加州小聯盟的「穆德維爾九人隊」（Mudville Nine，隊名取自於詩歌〈凱西上場打擊〉〔Casey at the Bat〕）在新球場的營收開始湧現時，就搖身一變成了「穆德維爾九人有限公司」。這些收入大多進到球隊擁有者的口袋裡，而背負虧損風險的卻是納稅人。

過往的情況並非總是如此。在一九五〇年代前，有一小部分的運動設施確實是由政府出資興建，但大多是為了公共用途，比方舉辦奧運或國家級的博覽會，而不僅是作為職業球隊的主場。這類場館通常是開放式的馬蹄形，以便舉行盛大的遶場遊行，或是用於舉辦其他的公共活動。相較之下，球團老闆就不會考量其他的公共用途，只想建造出他想要的場館，就像製造商蓋工廠，或航運公司蓋倉庫。

這種情況在一九五〇年代初發生了變化，當時威斯康辛州的密爾瓦基市政府建造了郡體育場（County Stadium），表面上是為了給小聯盟的釀酒人隊使用，因為它已在本地經營了數十年。但事實上，政府當局是想用它來吸引MLB等級的棒球隊進駐。他們也確實成功做到了，勇士隊因此離開波士頓，在一九五三年賽季前搬進了郡體育場。結果小聯盟的釀酒人隊永遠也沒有機會在新球場出賽，轉而變成了聖路易的棕人隊。

在接下來的十年，除了勇士隊搬到密爾瓦基外，棕人隊又於一九五四年搬到巴爾的摩成為了金鶯隊。布魯克林道奇隊和紐約巨人隊於一九五八年分別搬遷到了洛杉磯和舊金山。華盛頓參議員隊於一九六一年搬到明尼蘇達成為了雙城隊。這些搬遷並非只是因為其他市政府蓋了新體育場，球團也是著眼於開發新市場和拓展新收入。官員也意識到，職業賽事原本是靜止的風情畫，球隊在某座城市和體育場一待就是幾十年，但如今風雲變色，只要球隊有自己的考量，就會逕行搬遷。當中最重要的原因，就是原本的設施已不再符合球團需求。

在一九六〇到七〇年代初期，許多城市開始籌劃建造多功能體育場，以取代舊的單一功能場館；職業球隊需要新的球場，城市也需要有新風貌。這些設施就像大多數的公共工程一樣，都要考慮到投資報酬率的問題。若同一座場館能同時給棒球隊和足球隊使用，就能節省成本，並把要蓋另一座體育場的預算用在其他地方。這些新場館大多座落於高速公路旁，四周圍都有停車場，顯然是考量到有車階級的需求。這些球場大多是由政府出資建設，並讓私人球團去經營、認養，而其建築風格都強調簡樸、實用而不奢華，所以被戲稱為「千篇一律的樣板球場」。它們用來比賽當然沒問題，但卻很少受到大眾的喜愛。事實上，球隊擁有者早在一九七〇年代就開始稱這些場館「過時」了，並在十年間不斷呼籲政府要興建新場館。

然而就在一九八四年，巴爾的摩發生了一件相當令人震驚的事情，改變了上述的一切。

玩兩面手法的小馬隊球團

八〇年代初期，ＮＦＬ的巴爾的摩小馬隊鼓吹政府建造新體育場已有一段時間了。原本的紀念館體育場（Memorial Stadium）興建於一九二三年，是由小馬隊與職棒金鶯隊共用，而且它是馬蹄形的、可供群眾繞場遊行。一九五四年金鶯隊從聖路易搬遷過來時，它被改建成第一代的複合式場館。可惜的是，紀念館體育場既不像一些經典的球場那樣美麗，也不像一九三〇年代的體育場那麼大，可供民眾繞場遊行。此外，它也缺少樣板球場的實用性。巴爾的摩市長舍弗（William Schaefer）和馬里蘭州州長曼德爾（Marvin Mandel）聽從了小馬隊前後兩位老闆的呼籲，成立了一個委員會，準備為兩支球隊建造現代化圓頂體育場（暱稱為「巴爾多巨蛋」）。附帶一提，一九七二年，小馬隊易主，從羅森布魯姆（Carroll Rosenbloom）手中賣給了伊爾西（Robert Irsay）。

然而這項提案卻毫無進展，因為州議會完全不支持。市政府的審計部門在一九七四年提出了一項修正案：禁止使用公家預算來建設新場館。最終，該法令獲得百分之五十六的議員贊成通過。此結果所傳達出的訊息相當明確：巴爾的摩絕不會使用納稅人的錢來替小馬隊和金鶯隊建造新的運動場館。

在爭取建設新場館失敗後，小馬隊的老闆伊爾西繼續尋找機會。他與許多表態支持的各地市長會面，他們都比馬里蘭和巴爾的摩的官員更積極。伊爾西對此也完全不保密。

一九七七年，伊爾西公開表示：「我喜歡巴爾的摩，很想繼續留下來，但市政府何時才願意出資蓋新場館……包括印第安納波利斯在內，許多城市都在向我招手。他們拿出建設體育場的規劃書，還提出許多誘因，要勸我搬遷球隊。但我不想放棄巴爾的摩，所以希望市政府能有所作為。」伊爾西還公然比較各個城市所提出的方案。他在鳳凰城和印第安納波利斯之間穿梭，並分別跟當地官員說，他想把小馬隊搬過去。因此，只要他一再造訪這些城市，官員就會加碼，提出更有利的條件。實際上，印第安納波利斯還真的開始建造「山地人巨蛋」（Hoosier Dome），哪怕還沒有球隊承諾要搬遷過來。一九五〇年代的密爾瓦基是千方百計要吸引MLB球隊來，但小馬隊是反過來向對巴爾的摩提出要求。

一九八四年三月二十九號，山地人巨蛋完工落成，並歡迎任何一支職業球隊來進駐。馬里蘭州議會突然開始擔心小馬隊會離去，於是以徵收地產為名義，試圖接管球隊。伊爾西隨即將小馬隊的所有設備和辦公用品都搬到卡車上，在夜幕中開到印第安納波利斯。

至今，小馬隊仍然待在印第安納波利斯。十二年後，克利夫蘭布朗隊的老闆莫德爾（Art Modell）將他的球隊搬到巴爾的摩變成了烏鴉隊，但許多當地人還是對於失去小馬隊感到痛心疾首。

小馬隊搬到印第安納波利斯後，不光是巴爾的摩的球迷感到很沮喪。它還樹立了一個先例：職業球隊能威脅主場城市，如果納稅人不資助新場館，它就會離開。而且球團還會在表態歡迎的新城市間周旋，以獲取最優渥的提案；如果原主場城市不願意提供旗鼓相當的條件，它就會離去。這種策略之所以會成功，唯一要件便是利用球迷的死忠，讓他們去遊說政府興建新球場。運動產業複合體設法說服球迷，世上最悲傷的事情，莫過於主場球隊要離開。球團利用球迷的群情激憤來向官員施壓，要求政府提供各方面的資源。

實際上來說，這類威脅大多只是虛晃一招，因為從現實面來看，球團可以找到的替代市場其實不多。你認真試想看看，當年洋基隊在紐約市動用一切手段以爭取建造新體育場，若失敗的話，它真的會離開紐約市嗎？除了小馬隊搬到印第安納波利斯，一九五八年，奧馬利（Walter O'Malley）也將道奇隊從布魯克林搬到洛杉磯。這些搬遷事件在情感上、政治上都掀起巨大的餘波盪漾。球迷失去理性且不想失去心愛的球隊，地方官員不想成為城市的罪人。運動產業複合體手上拿的槍都是沒有上膛的，但卻能有效威脅眾人。

採用這種策略的球隊，光是口頭上大聲威脅，就能獲得公共資源和新球場。所以很少球隊繼續使用舊球場，而自掏腰包蓋新球場的球團更是罕見。從一九七〇年到二〇一九年，美國在賽事場地的公共資助總額為三百二十五億美元，相當於所有場館百分之六十五的維護費用。再加上其他必要的基礎設施，如興建高速公路、交流道、翻新各項公共設施，政府又多花了好幾十億美元。這些龐大的資金大多都是在一九八四年後投入的，也就是伊爾西家族將小馬隊搬離巴爾的摩的那個時期。這些舉動在在表明，球團不滿意的話，就會收拾行李離開原本的主場。

對於納稅人來說，這類利益交換有好有壞，但球團老闆才是絕對的獲利者。令人震驚的是，有些交易的過程非常難看。以下僅舉出一小部分的案例。

NFL明尼蘇達維京人隊

維京人隊的新球場是美國合眾銀行體育場（US Bank Stadium），是球團老闆威爾夫（Zygi Wilf）威脅州長戴頓（Mark Dayton）所得來的。他表示，州政府不出資建設新場館的話，球隊就會離開。威爾夫宣稱，郊區有好幾個城鎮都可建立新主場，雖然這些計畫根本不會實現，但仍然給明尼亞波利斯市政府帶來了極大的壓力。隨後，威爾夫請

ＮＦＬ總裁古德爾（Roger Goodell）發表聲明，如果有任何球隊（包括維京人隊）——能搬到當時還沒有美式足球球隊的洛杉磯，將會是多麼美好的事情。最終明尼蘇達妥協了，負擔了一半以上的建設費用六億七千八百萬美元（總額為十一億美元）。

在維京人體育館協議中，最有趣的部分與鳥有關。

這棟體育館相當引人注目，外層全由玻璃包覆著。該場館的設計藍圖在動工前數年就已公開於世，保育團體擔心鳥類會誤撞外層的透明玻璃牆，所以希望建商更改設計圖，使用不那麼透明的安全玻璃，但這將使建設成本增加一百萬美元。維京人隊和明尼蘇達州政府拒絕了這個提案。場館完工後，確實有大量的鳥類撞牆而死，數量為州內其他建築的兩倍以上。因此州政府進行評估（當初聽取保育人士的建議不就好了），發現以後要再改裝成安全玻璃的費用為一千萬美元。這項修復計畫還沒通過，但一定會增加納稅人的負擔。

ＮＨＬ亞利桑納土狼隊

溫尼伯噴射機隊搬到亞利桑那後變成鳳凰城土狼隊，並與ＮＢＡ的鳳凰城太陽隊共用體育館。許多冰球隊都和籃球隊共用場館，但鳳凰城近郊的格倫代爾在蓋新的體育場「州立農業體育場」(State Farm Stadium)，所以土狼隊受益匪淺。

在一九九〇年代中期到二〇〇〇年代中期，格倫代爾為NFL的亞利桑那紅雀隊支付了四分之三的場館興建費用（約五千萬美元），還為芝加哥白襪隊和洛杉磯道奇隊付了數百萬美元，用於建設其春訓設施。二〇〇三年，格倫代爾建造了吉拉河體育館（Gila River Arena），還付錢請土狼隊來管理它。如果我們小老百姓的房東有這麼慷慨，不知道有多好！

問題在於，土狼隊的球迷大多住在鳳凰城的東谷，而格倫代爾位於西谷。鳳凰城的周邊不斷在開發、很容易塞車，球迷必須花一個多小時的車程，才能趕上在晚上七點開打的賽事。進場的球迷人數一如預期般稀少，土狼隊的財務狀況因此受到影響。事實上，球團經常無法按時付租金給格倫代爾當局，即便那已遠低於行情；而且它還是準時地向市府收取管理費。

值得一提的是，格倫代爾幫紅雀隊蓋球場，自己卻得負擔龐大的虧損，因為門票與相關收入根本無法填補舉債的金額。而且每隔幾年，NFL會在格倫代爾舉辦超級盃，市府又得付出額外的經費，赤字越滾越大。

到了二〇一五年左右，不斷賠錢的土狼隊表示要一座新的體育館，否則就打算搬遷到另一座城市。格倫代爾當局希望球團續租十五年，但它只簽訂了一年，還去找拉斯維加斯和鳳凰城東谷的官員談條件。值得稱讚的是，格倫代爾的官員沒有被嚇倒、沒有屈服，而是將計就計，與土狼隊連續六年簽了一年約。二〇二一年八月，格倫代爾當局厭倦了這一切，終止了與土狼隊的契約，於二〇二二年賽季結束後請它走人。

辛辛那提紅人隊與NFL辛辛那提猛虎隊

自一九七〇年多功能的濱河體育場（Riverfront Stadium）啟用以來，就一直由紅人隊與猛虎隊共用。不過到了一九九〇年代中期，多用途體育館就逐漸不受歡迎，每支球隊都想要有專屬的球場。猛虎隊威脅辛辛那提市府，如果得不到新的體育館，它就會搬去巴爾的摩；當時巴爾的摩仍沉浸在失去小馬隊的痛苦中，也還沒有吸引克里夫蘭小熊隊過來（後來成為巴爾的摩烏鴉隊）。

猛虎隊的威脅看來只是說說，何況紅人隊也沒有任何意見，但辛辛那提所屬的漢密爾頓郡當局卻很樂意配合球團的要求。郡政府跟選民提出交換條件：若政府能增加營業稅、跟聯邦政府借公債來建設球場，那民眾的房產稅就會降低。不用細算數字，明眼人都能看出這提案有多惡劣和不公平，因為增加營業稅對窮人會有明顯的負面影響，而房產稅降低後，有不動產的富人階級卻能獲益。這項決議在日後還會造成更糟糕的影響。

一如過去的各項公共建案，這兩座體育場的建造費用不斷追加，因為最初的預算規劃都太低了。蓋美式足球場的預算最初是三億五千萬美元，在當時是史上最高額的美式足球場補助。建造費用不斷上升，營業稅的收入卻遠低於預期，多年下來，漢密爾頓當局要負擔的債務越來越龐大，光是還債便占了全郡年度預算的百分之十七。這兩座建築物花掉這麼多錢，其中一座每年還只有使用八到十次。由於經費緊縮，地方政府大幅削減了教育、警察等公共服務的預算，甚至出售了一家有百年歷史的公立醫院。當初，為了誘使居民批准建設新體育場，密爾頓當局減低了房產稅，但後來不得不取消，最後所有人都沒有得到好處——除了猛虎隊與紅人隊。

亞特蘭大勇士隊

自一九九七年以來，勇士隊一直以特納球場（Turner Field）為主場，它前身是一九九六年奧運的主場館。勇士隊在二〇一三年宣布要搬到喬治亞州科布郡的新球場，但當時的特納球場比大多數的球場都還要新穎。勇士隊聲稱，之所以要搬到新球場，是因為改善特納球場的花費太龐大，但真正的原因在於，科布郡允諾勇士隊去掌管一項龐大的房地產開發計畫，亦即如今廣為人知的「能源亞特蘭大」（The Battery Atlanta）多功能商場。而球場跟商場的建造費用都是科布郡出資的。

勇士隊的新主場為楚斯特球場（Truist Park），建造費用總共十四億美元，科布郡為此借貸了近四億美元的債券，由居民繳交的房地產稅來支付。勇士隊放話要搬遷的消息傳出後不到兩星期，這項決議就立刻拍板敲定了。金額如此龐大的公共議案為何能如此迅速地塵埃落定？很簡單：當局迴避了公共記錄法，封閉了民眾參與議案討論的所有管道。

議案宣布後，勇士隊的總裁舒爾茲（John Schuerholz）向「亞特蘭大記者協會」發表談話，他承認，這筆四億美元的補助金若提前曝光，人民跟議會絕不會批准。以下是舒爾茲在二〇一三年底所發表的談話：

消息完全沒有外洩，否則這筆交易就不會成立……廣大民眾都希望先知道可行性有多高。總之，我們成功地讓該項議案安全過關。

球團確實做到了，但給眾多納稅人和球迷造成麻煩，令大家心生不悅。雖然該項議案傷害了納稅人的心，但政府只是將現有的稅款撥作他用，而不是增收新稅款，所以選民沒有發言的餘地。與此同時，選民先前批准的其他公共項目，如維護公園和圖書館，都被削減了。想也知道，這些錢得挪給勇士隊和它的新球場。居住在科布郡和亞特蘭大北邊的球迷賺到了，但住在亞特蘭大市區的球迷卻被排擠了。從市區前往新球場的那段高速公路有一大堆容易壅塞的交流道，但也沒有其他的大眾運輸工具。請不要誤會，這是有意為之的。

勇士隊宣布將搬遷主場時，球隊經營者發布了一張亞特蘭大的地圖，上頭標示著勇士隊球迷的居住區域；每個紅點代表的是季票持有者或在網路上購票的人，這些人在購票時都得註明居住地點。紅點大部分都集中在城市以北和外圍的郊區。勇士隊聲稱，新球場的所在地能為球迷提供更好的服務。從人口統計學的角度上來看，這些球迷多半是年長、富有、保守的白人球迷。這張地圖沒有標示出去現場購票或在二手交易區求票的球迷，而城區裡的球迷（尤其是黑人）更是感覺到球團在刻意排擠他們。幾十年來的種族隔離措施、種族議題和群族的緊張關係，都會發生在黑人住市區與白人住郊區的城市。因此，勇士隊的批評者便稱楚斯特球場為「白人落跑球場」。

二〇二一年初，體育經濟學家布萊伯利（J. C. Bradbury）研究了楚斯特球場的經濟效益，他發現，球場及其周邊區域的發展確實讓科布郡的營業稅收入有所增加，但幅度很小，在統計學上甚至不具有代表性。事實上，與球場有關的營業稅收入中，有三分之一是來自於對原本經濟活動的排擠效應。也就是說，球賽所提升的消費金額，本來會出現在該地區的其他消費活動中；大家把原本要花掉的錢改用來花在進場看球、買紀念品或在球場商圈消費。總體來看，勇士隊進駐後，科布郡所增加的營業稅收入，遠遠不及納稅人所支付的公共補貼和貸款。

主場的騙局

前面所提到的幾個體育館騙局，只是冰山一角而已，要再舉出十幾個類似的案例很簡單。在這些建設議案中，市政府、州政府、納稅人和球迷都是吃虧的一方。除了布萊伯利的研究報告，其他相關研究也都在在顯示出，球隊和官員的承諾絕不會兌現，而新增的稅收、由賽事帶動的經濟效益都填補不了蓋球場所需的花費。政府跟球團都宣稱，建設能創造就業機會，確實沒錯，但球場蓋好了，這些工人就失業了。之後剩下來的工作機會就只有售票員、小販、保全和維護場地的工人，而且這些工作都是季節性的（僅限於賽季），也總是低薪的，所需員額也不多。這些體育場號稱是主場，但球隊裡的高薪運動員在賽季中有一半的時間都是在外地出賽，門票收入也當然歸當地政府所有。隨著賽季的進行，球員的交易和管理階層的流動會變得活絡，所以他們的人生並不會在主場扎根。經濟學家稱此為「漏損現象」，也就是金錢無法留存在當地的經濟活動中。

這些體育館的建設案有這麼多弊病，但為什麼還是層出不窮？

最簡單的解釋是恐懼感。就像一九八四年巴爾的摩小馬隊的老闆那樣，放話說要將球隊搬走，而市長和州長就會覺得，不滿足對方要求的話，一支職業球隊就會在其任期內消失，進而威脅到他們的政治生涯。亞特蘭大的案例更糟，官員跟球團根本是在密謀分贓、各取所需。有了這些這類大型、耀眼的體育設施，政客們便可以大聲說：「看哪，我的行政團隊成就非凡！」比起複雜的都市計畫和抽象的政策，蓋體育館選民才會覺得眼見為憑。

大眾見不到這些議案裡黑箱的一面，政客才得以討好財閥，並在商業活動與房地開發中分一杯羹。球團的大老闆有強大的政治影響力，在各大城市都投入了巨額的政治獻金，也順理成章地與政客們相互掛鉤、交換利益。政客們能得到不少好處，比如擔任開球儀式的嘉賓，或者在籃球館的豪華包廂裡招待自己的贊助人。因此，官員都很樂意成為運動產業複合體裡的關鍵角色。

況且，官員和球團老闆都知道自己不會受到懲罰，因為球迷是死忠的。運動產業複合體利用群眾的熱情來推動沒有公共效益的建設案。若想要杜絕這些惡習，民選官員必須與球迷站在一起，對球團表達出強硬的態度。否則球隊老闆總會輕易說出：「得不到我們想要的，球隊就會離開這座城市。」事實上，球團根本無處可去。球迷們也應該發揮反思能力，檢視自己是否支持了錯誤的球隊，並意識到球隊無法百分百地回報這份忠誠。

第4章

球場的VIP席愈來愈多

二〇一六年二月，紐約洋基隊成立了「洋基票務交易所」網站，讓球迷可以在二手市場上買賣門票。洋基隊聲稱，這是為了「打擊詐騙與偽造票券的歹徒」，但這種自欺欺人的說詞騙不了任何人。球團其實是想要逼退全球最大的二手票券交易網站StubHub，以壟斷洋基隊門票的二手市場。球隊成立這個網站是為了牟利，除了一般販賣門票的管道，連自家的二手票也要賺。而球團此舉的心態也隱含著階級主義。

「洋基票務交易所」網站上線的隔天，球團的真正意圖就很明顯了。球隊的營運長特羅斯特（Lonn Trost）公開表示，掌握二手交易市場後，高級座位區的票價就不會跌，以免富有的季票持有人得跟大眾混合坐在一起看球。特羅斯特接受《新聞日報》（*Newsday*）訪問時表示：

一般球迷可在StubHub用較低的價格買到門票，但市場價格壓得太低的話，反而會對某些精英球迷造成困擾，因為他們付了很多錢購買昂貴、位置好的門票。我們不反對球迷轉售門票，但有些球迷花了很多錢才能坐在高級座位區，但另一些球迷靠著撿便宜就能享受一樣的待遇。這兩種人相鄰而坐時，前者一定會很沮喪……說白一點，買到便宜二手票的球迷，以前應該從未坐過高級區。看到那些人，我們的死忠球迷一定會很不是滋味。

顯而易見，特羅斯特擔心富有的球迷會因為和普通人坐在一起而「沮喪」。他就像公司股東一樣，擔心自己的股份會被稀釋掉，所以擔心有太多人找到管道，以便宜的價格買到高價區的票。接下來幾天，有謠言傳出，不光特羅斯特擔憂此事，豪華包廂中的富豪們也跟球團抱怨，他們真的不喜歡跟市井草民們太靠近。的確，他們付錢購買的不僅僅是較佳的觀賽位置，更重要的是與一般球迷區隔開來的特權。

這不是單純的社會區隔，現代化體育場都刻意做了這種安排。二〇〇九年啟用的新洋基球場設有許多昂貴的座位區，甚至還有一個超級昂貴的「傳奇特區」（Legends Suite）。它與其他座位區完全不相連，但不是獨立的豪華包廂，而是在本壘後方其左右兩側的露天座位區，票價最貴為兩千六百美元（視場次與位置），平均售價則超過五百美元。傳奇特區和其他座位區的水泥屏障被形容為「護城河」，一般球迷不得進入。球賽開打前，球員們會在場邊的休息區旁熱身、傳接球以及練習打擊，而球迷們會站在看台後面的欄杆向球員索取簽名。在新洋基球場裡，這個區域只開放給傳奇特區的門票持有者。

新洋基球場的獨家規劃不只有傳奇特區。另外還有「冠軍」座位區，雖然這區觀眾不能穿過傳奇護城河，但走過配有金屬探測器的入口後，就會進到有如飯店大廳的私人接待區。除此之外，新洋基球場還有七十八個「天空包廂」（skybox），而舊的洋基球場僅有十九個。在這些高檔座位區的內部，還有許多休息室和餐廳。這些設施都非常舒適，讓有錢的球迷們可以享用美食（除了熱狗和漢堡，還有生猛海鮮、紐約高級餐廳的佳餚以及各式免費飲品），並坐在舒適的扶手椅上觀看大螢幕上的球賽。這些ＶＩＰ區中最高檔的是哈曼酒吧（Harman Lounge），這是為傳奇特區前排球迷預留的獨立休憩空間。

球場越蓋越大，位子越來越少

洋基球場代表了極端奢華的看球文化，它不是獨一無二的。現代的體育場館有許多迎合有錢人的設施，共同點就是「專屬性」，包括可以進入的區域以及身分限制。這在棒球界尤其明顯，過去這二十年來，球票越來越昂貴、越來越難買，主要是因為現代球場的座位變少了。

從一九九二年巴爾的摩的金鶯球場（Oriole Park）開幕起算，直到二〇二〇年德州遊騎兵的環球人壽球場（Globe Life Field）啟用，棒球界興起了前所未見的蓋球場熱潮。在這段時間裡，政府與民營企業聯手為現有的MLB球隊建造了二十一座新球場，為擴編球隊建造了兩座新的球場、改建兩座舊球場。亞特蘭大勇士隊和德州遊騎兵隊都搬到了新球場。這兩個場館的建築美學非常聞名，而且觀眾席的視野比起舊的多功能體育場更佳。整體上來說，它們的設計各有特色，復古與華麗的元素兼具，但座位的數量明顯少了很多。此外，克里夫蘭的進步球場（Progressive Field）、亞利桑那的大通體育場（Chase Field）和堪薩斯的考夫曼體育場（Kauffman Stadium）也減少了座位的數量。諷刺的是，MLB從二十六支球隊擴編到三十支，每隊每年要進行一百六十二場賽事，但座位數量卻比三十年前少了數百萬張。

同時間，票價卻大幅上漲。就一般的經濟學定律來看，商品的價格上漲，需求量就會降低，但這在職棒界不適用。自從蓋球場的熱潮開始以來，入場觀賽的人數反而顯著增加。有些專家認為，球迷沒有被高價位的門票嚇跑，是因為想去新球場朝聖、體會新鮮感。但多年下來，球迷人數沒有衰退，顯然棒球票已成為了「范伯倫財」（Veblen goods，又稱「炫耀財」）。經濟學家范伯倫（Thorstein Veblen）創造了「炫耀性消費」一詞來描述「需求隨價格上漲而增加」的現象，因為這些商品有專屬性，能用來象徵身分地位。

不過，略懂經濟學的洋基隊季票持有人可能會反對這種解釋。畢竟根據定義，所謂的范伯倫財是指商品的品質與內在價值無關緊要，只要能帶來尊榮不凡的感受就好。他們明確地指出，舊球場的金屬長凳很難坐，新球場才有寬敞、舒適的座位，所以票價提高是為了提供更好的服務。除此之外，新球場增設了許多高畫質的大螢幕，球迷在各角落都能看到場上的活動；況且，餐飲區、商品販售區等設施都與地位象徵無關，而是關乎進場看球的品質。

確實，高級的座位區有舒適的座位，也更加靠近比賽場地，只是數量都很稀少。在新建的球場中，絕大多數的座位都變貴了，但球迷與賽場的距離卻更遙遠了。現在的上層看台下有兩到三層的豪華包廂，所以其整體高度推上天際。以往舊球場中下層看台上方的支柱會遮擋到部分球迷的視線，雖然新球場少了這些柱子，但上層看台必須往後退，於是離場地更遠；雖然因此增加了許多下層座位，但都被規劃為高價及VIP座位區。

事實上，在現代球場的下層座位後方，至少有三分之一的區域比舊球場的上層座位視野更差，所以新增的大螢幕不是奢侈品，而是必需品。舒適的座位、寬敞的通道和更多的餐飲選擇當然都是好事，但歸根結底，去球場就是為了看比賽，對於本質迷來說，他們對球場的奢侈服務不感興趣，但也負擔不起本壘後方的昂貴座位，可說是被現代棒球場忽視的族群。

進場只為享受特殊待遇而不是看球

至少棒球迷還有便宜的座位可以買，NBA的球迷就沒這麼好運了，因為「買得起的門票」正在迅速消失。以金州勇士隊為例，它在二〇一九的賽季初從奧克蘭體育館搬遷到舊金山的「大通銀行中心」（Chase Center）。勇士隊近年來的戰績非常優異，原本門票就炙手可熱，而新球場的票價更是飆漲得十分驚人。根據《舊金山紀事報》（*San Francisco Chronicle*）在二〇一八年的報導，有位長期購買勇士隊季票的球迷，從一九七四年就專買前五排的座位。當年的票價是幾十美元，甚至到了晚近的一九九〇年代，也還不到一百美元。然而，到了勇士隊在奧克蘭出賽的最後幾年，票價已漲到每場三百七十美元，而且這還是勇士隊給老球迷的回饋與優待，只有長期季票持有者才能享有這價錢。

大通銀行中心開工後，這位季票持有人跟其他老球迷一起受到邀請，去參加勇士隊票務部門的會議，為新的售票方案提供意見。球團的新方案如下：先一次付清三萬六千美元的「入會費」，就能擁有購票資格，而每場賽事每個座位的售價為六百美元。

也就是說，除了入會費之外，要看完一個賽季主場的四十一場賽事，就必須再付出將近兩萬五千美元的購票費，而且還不含這些老球迷過去享有的免費停車優待。還沒完！他還必須一次就購買三十年份的季票。

事實上，工作人員在會議中提醒他，如果他當天不接受這些條款，他的座位就會釋出給其他人去購買。他拒絕了，結束了他長達四十五年的勇士隊季票會員身分。

就像其他的球隊一樣，勇士隊已經意識到，只要抬高門票的價格，就可以擺脫掉不為了奢侈享樂、只想單純看球的球迷，反正總有人願意為此付出更多錢。提高價格、減少座位數量後，購買季票的球迷、闊氣的商務人士以及有錢去買黃牛票的球迷都大幅增加了，座位因此大多落入這些人的手中。而被拒於門外的球迷，當然就是那些收入一般的受薪階級，取而代之的是那些購買傳奇特區或場邊座位的大老闆跟VIP。這些人坐在籃球員板凳後方、本壘板後面或五十碼線上方的套房，他們想要看球賽，也想要被別人看到，因為擁有季票是地位象徵，證明自己的生活水平與社會地位夠高。他們將金錢揮霍在昂貴的賽事門票上（比十幾年前高出十倍甚至是二十倍），一方面享受特殊的觀賽體驗，也可以離開坐在遠處的一般球迷和買不起球票的小老百姓。

這些現象在在反映出了社會的現況。

長久以來，富有的人都能與一般大眾有不同的生活空間，在過去這幾十年裡，他們更能透過金錢、技術和教育程度擺脫一般公民共有的日常生活，包括享有精英地位、VIP服務、優先通道、高級健檢以及讓兒女念私立學校。這些專業人士、科技新貴與企業高層接受過良好的教育、享有高貴的生活品質，慢慢形成了一種社會階級。至於一些公共場所，如火車站、郵局、公立醫院、圖書館、公立學校、博物館和小商店，來客已大幅減少。

有一段時期，出於羞愧感或理想主義，美國人努力否認且淡化貧富不均的現象。但在今天，這種單純的想法完全消失了。如今的「成功」就是運用財富、讓自己遠離公共領域。有能力使用高科技的人，只要透過3C設備就能購物、辦理金融業務以及申辦公家文件，而不需要跟大眾有所接觸。科技公司日益壯大，也加劇了這項趨勢，如購買雜貨等基本的日常生活事項，也因階級而有所不同。

專業人士、科技新貴以及企業家在生活各方面都想獲得極致的奢華享受，以及禮遇、特權和專屬性，就連看球賽也是。因此，他們希望各個運動場館的設計必須能突顯出專屬性，如VIP停車場和VIP入口。他們還想要專屬的座位區和包廂，好在這裡建立人脈、被他人注目，而且一般球迷只能望塵莫及。運動產業複合體滿足了有錢人對專屬性的渴望，所以把球場的好位子都給了有能力負擔得起的球迷。紐約洋基隊和金州勇士隊的主場都位於富裕的大城市，對有錢球迷的款待更是有過之而無不及。除此之外，有兩支職業冰球隊、四支職業籃球隊、五支職業棒球隊和十五支職業美式足球隊都規定：球迷必須先購買「座位許可證」（也就是勇士隊「入會費」的傳統說法），才有資格去購買季票。達拉斯牛仔隊的方案最貴，每張座位的購票資格都要價美金六位數，而且還不包括購買門票的錢。

這些創新的遊戲規則是球團的巨大商機，但卻犧牲掉球迷在觀賽事時的感受。達拉斯牛仔隊的AT&T體育場經常被主場球迷批評為「像是在客場」，因為有太多球迷進場是為了進行社交聚會，而不是看球賽。舊金山四九人隊將主場設在聖塔克拉拉的李維斯體育場，球隊賺了昂貴的門票錢，但每週日的賽事都留下許多空蕩蕩的座位。洋基球場那些裝潢華麗的室內休息室也令人觀感不佳。在轉播時，觀眾都能看到傳奇特區的空位，尤其是在微涼的季後賽時節，富裕的球迷們都躲在室內取暖。這些現象令人無法不去猜想，獲得人人稱羨的專屬座位才是這些球迷的終極目標，看球賽還是其次。

球員們也注意到了這一點：相較於眾生平等的舊球場，在嶄新、充滿奢華設施的球場裡出賽時，觀眾的吶喊聲浪與加油力道都變小了。紐約洋基隊的傳奇救援王李維拉(Mariano Rivera)在回憶錄中談到，新的洋基球場「無法留住球迷的吶喊聲和主場的狂熱感」，而舊的洋基球場「是條紋軍團的第十個球員，又像個熱滾滾的大鍋，充滿了球迷的激情和喧囂」。他接著說：「看台上有許多終身支持的死忠球迷。新球場很難複製這種熱騰騰的氛圍。」

從一九〇二年到一九一一年，辛辛那提紅人隊的主場是「球迷聖殿」(Palace of the

Fans）。然而，如今已沒有人要蓋以普羅大眾為主要考量的運動場館了。進場觀賽原本是不分藍白領階層、人人平等、共同參與的活動，而球迷身分是跨越了社會、經濟和種族的界線。但如今，看球變成了高級享受，專屬於精英人士、有錢人和社會頂層的人。今日坐在看台上的觀眾不是球迷，對賽事也不熱衷。結論是，運動產業複合體服務對象是他們，而不是買不起季票的你。

第5章

那些年，
他們搶著要輸球……

啟蒙時代的法國哲學家盧梭在三百五十年前寫下社會契約論時，腦袋裡想到的當然不是足球或棒球，但作為球迷也都會不自覺地假定，自己跟球隊都有既定的權利和義務，對吧？

從最基本的條件來看，球迷熱情支持自己所愛的球隊，而球隊會盡最大努力在棒球場、籃球場、美式足球場或冰上曲棍球場爭取勝利的果實。即使球隊會做出錯誤的決策，即使它年復一年地被淘汰出局，但教練與球員們都努力想贏球，因為終歸來說，勝利才是衡量成功的尺度。贏球時，球迷會更加樂在其中，賽事轉播的收視率會提升，更多人會進場看球並購買周邊商品，這些都能讓球隊賺錢。與此同時，球隊也應負擔某些義務，例如盡力將明星球員留在陣中、確保球迷有愉快的觀賽體驗，以及想方設法獲得更多的勝場數。敗場數過多時，球團會受到相應的懲罰：球迷的支持度會降低、門票與周邊商品的收益也會銳減。這時，球隊上下也應互相激勵，以重新振作、讓戰績回到正軌。

整體來看，作為球迷的義務比較單純：以行動支持其所心愛的球隊，好讓球員知道，球迷們期待球隊獲勝，也相信球員有為此付出努力。如果一支球隊有中等的戰績，但仍然無法賣出許多門票或吸引眾人的關注，球團老闆就會覺得沒必要努力經營、出售球隊就好，或是將主場搬遷到另一座城市。歷史上這種情況已發生多次。道奇隊在一九四〇年代和五〇年代贏得了多次聯盟冠軍、並拿下世界大賽冠軍，但缺乏球迷的支持。於是道奇隊在一九五八年從布魯克林搬到洛杉磯。亞特蘭大勇士隊搬過兩次主場，第一次是離開了波士頓，第二次則是離開了密爾瓦基。

在搬遷前的幾個球季，這些球隊都是非常強大、戰績極佳。在較晚近的二〇〇五年，表現出色的博覽會隊離開蒙特婁並成為華盛頓國民隊。在那之後，坦帕灣光芒隊因票房狀況不佳，也考慮離開佛羅里達州的聖彼得堡，儘管它在十五年來的表現十分優異。近年來，許多NBA和NHL球隊，也因為其獲利遠低於聯盟和球隊老闆的預估，於是搬到其他城市，例如溫哥華灰熊隊、第一代的夏洛特黃蜂隊、亞特蘭大鶇鳥隊以及魁北克北方人隊。亞利桑那紅雀隊搬遷了兩次，首先從芝加哥搬到聖路易斯，然後又搬到鳳凰城。這些城市都有其他更受歡迎的球隊，而紅雀隊卻無法獲得更多球迷支持。

這些搬遷事件確實背後都有許多複雜的因素。有時是因為球團老闆被另一座城市所提出的優惠條件所吸引，有時是因為球隊的經營方針不甚妥當，球迷就合理地不買單、不支持。但歸根結底，許多球隊（尤其是在職業聯盟的發展初期）都在找死忠球迷夠多的地方以實現社會契約論精神——我們努力贏球，你們負責買票進場。

違背運動精神的輸球大賽

但重點來了，如果球隊不履行自己的承諾，怎麼辦？搞不好會有球隊的經營者認為，贏球並不重要，所以無視傳統的遊戲規則與獎勵，違反賽事的社會契約。他們還發現，就算球隊的表現並不出色，還是可以賺取大筆的財富。這些狀況不是假設，而是近年來職業運動界的特殊現象，更嚴重的是，它們正在成為各種失序的常態。

追求勝利的奮鬥精神是運動賽事的核心。這整個產業最根本的的社會契約，就是參賽者千方百計想贏球。但過去十年來，許多職業球隊的營運方針卻不是以此為依歸，而是走各種旁邊左道。

在運動賽事中，「故意輸球」(tank) 的意思是：明明隊中有好球員，球團卻刻意派出能力較差的球員下場，用輸球來換下一年度更好的選秀順位以補強戰力。另外，輸球也能為球團省錢。

「故意輸球」最早也最經典的案例是在職籃的賽事中出現。這背後的想法是可以理解的，在籃球運動中，一位明星球員就足以提升球隊的競爭力。休斯頓火箭隊在一九八三至一九八四年賽季的做法，公認是「故意輸球」的始作俑者；在好幾場比賽中，球隊不努力取勝，以便獲得選秀的狀元籤，從歐拉朱萬或麥可．喬丹中挑走一人（這兩位如今都進了籃球名人堂）。火箭隊挑了歐拉朱萬，並在他的帶領下贏得了兩座NBA冠軍。然而它在一九八四年的這套輸球策略，促使NBA官方在隔年就推出了選秀樂透；據此，戰績最差的球隊不一定能抽中狀元籤，比較不會為了爭取明星球員而放棄一整個賽季。多年下來，NBA官方多次調整了這個制度，不過只要出現能力極佳、足以扭轉球隊戰力的新秀大物，還是有球隊會試著輸掉比賽。

二〇〇六年四月的某場比賽，明尼蘇達灰狼隊對上曼菲斯灰熊隊，這場賽事最後成了故意輸球的不良示範。兩支球隊都希望輸掉比賽；對於戰績較好的灰熊隊來說，輸掉這場比賽，就能在季後賽首輪碰上較弱的對手。而對於灰狼隊來說，輸掉這場比賽，就能得到第一輪的選秀權。相反地，從整季的戰績來看，灰狼隊若贏下這場比賽，第一輪選秀權就會掉到洛杉磯快艇隊手上。因此，灰狼隊的教練德韋恩．凱西（Dwayne Casey）在比賽將近尾聲時下達指令，要得分能力差、總是在坐冷板凳的馬克．馬德森（Mark

Madsen）在三分線外拚命出手。最後那幾分鐘，馬德森共計在三分線外出手七次，全部落空。會有這樣的結果，凱西當然心知肚明。他在賽後受訪時表示：「希望我們在這場比賽所做的努力不會是白忙一場。」我想問凱西教練，那你們努力的目標是什麼呢？

近期最著名的案例，當屬二〇一〇年代中期的費城七六人隊。當時球團將幾位優秀的先發球員交易出去，換來帶傷的球員以及全隊的薪資空間。球團還請求球迷們相信，這只是過渡期而已，彷彿在說：「我們是故意輸球的，再忍耐一段時間就好，之後一定會有好結果的」。七六人隊在二〇一三年至二〇一六年輸掉一堆比賽，藉以得到高順位的選秀權，它也確實挑到班．西蒙斯（Ben Simmons）與恩比德（Joel Embiid），七六人隊在近年來屢創佳績，這些核心人物功不可沒。

這種故意輸球的策略奏效後，其他隊紛紛效尤。在二〇一七至二〇一八年賽季，故意輸球的浪潮興起，達拉斯獨行俠隊、曼菲斯灰熊隊、芝加哥公牛隊和亞特蘭大老鷹隊都曾在比賽中派出顯然會輸球的陣容。這些球隊都沒有因此受到懲罰。獨行俠隊的老闆庫班（Mark Cuban）在某個播客節目中承認，當時獨行俠隊輸掉比賽有許多好處，之後便遭到聯盟罰款六十萬美元。這整個事件顯然是在告訴我們，白忙一場的比賽是有好處的，但不要承認你在背後搞鬼。

NFL也發生過一些類似的個案。具體上來說，某些球隊沒有盡全力打球，好在選秀會上獲得有潛力的四分衛。二〇一一年，印第安納波利斯小馬隊、邁阿密海豚隊、聖路易公羊隊和明尼蘇達維京人隊的球迷去觀賽時，都不時會嘲弄地高喊「為拉克輸球」。因為這些球隊都想搶到史丹佛大學的四分衛安德魯．拉克（Andrew Luck）。二〇一四年賽季的最後一場比賽，坦帕灣海盜隊將先發球員都擺在板凳席上，以確保能輸球並在選秀會上獲得頂尖的新秀賈梅斯．溫斯頓（Jameis Winston）。在二〇一九年秋季，辛辛那提孟加拉虎隊非常渴望能選中路易斯安那州立大學的喬．布洛（Joe Burrow），所以在比賽中採用一些不尋常的策略，以提高獲得該名四分衛的可能性。

用輸球來培養戰力

不過在棒球史上，「故意輸球」的現象並不多。最顯著的原因是，就本質來看，哪怕是選到超級球星，也不保證球隊的戰績會變好。不過，頂尖的中鋒或四分衛就能改變球隊的命運。因此，沒有哪支棒球隊會笨到用輸球來提升選秀順位。此外，在棒球的選秀史中，球團的決定大多是出於感覺而不是科學；許多看似「不容錯過」的球員結果表現不佳，而低順位被選中的新秀反而出了不少球星。在籃球或美式足球界，這種現象的機率就比較低。

此外，棒球界的自由球員市場比較健全，還能招募其他國家的業餘優秀球員，所以除了選秀會外，球團還有其他管道能花大錢引進人才、快速提升戰力，因此沒有必要故意輸球來換選秀順位。

然而近年來，球隊慢慢找到故意輸球的動機與好處，而壞處已消失無蹤。二〇〇〇年的芝加哥小熊隊與二〇一〇年的休斯頓太空人隊就是兩個先例，這兩個球團都認為，只要獲得頂尖的選手就能打造出冠軍隊伍。它們都採取故意輸球的策略，先將陣中優秀的球員交易出去，進而導致戰績陷入低谷，以便獲得較高順位的選秀籤。隨後幾年，這兩支球隊都贏得了世界大賽冠軍。

雖然棒球界一直都有「隊伍重建」的概念，但休斯頓太空人隊和芝加哥小熊隊卻是故意削減戰力、輸掉一大堆比賽，才以世界冠軍之姿重新站上舞台。這種做法引起了聯盟官方的關注，許多球隊也起而效尤。

除了有樣學樣的效應外，許多外部因素也導致球隊故意輸球。二〇一二年和二〇一六年MLB進行兩次勞資協議後，其運作出現巨大的變化，球隊也有了故意輸球的理由，因為它們立即改善戰績的方法受到限制，包括花大錢簽下自由球員與挖角。根據新制，選秀後，球團給球員的簽約金，不得超過聯盟預先設定的上限，否則球團會受到嚴厲的處罰。這項規定是要避免參與選秀會的球員提出高額的簽約金，以嚇退選秀順位高的球隊。在過去，有些球隊因為付不出高額的簽約金，所以無法挑選優秀的球員，而後者則得償所願地加入選秀順位低的常勝軍。

不久後，針對國際業餘自由球員的簽約金，聯盟也訂了上限，所以低選秀順位的強隊就無法花大錢去招募海外好手。在這種機制下，戰績較差的球隊才能花大錢去投資年輕球員，包括透過選秀或招募海外球員。近年來，聯盟又進行了幾次勞資協商，球隊的管理階層占了一些上風，因此也不再願意花大錢去簽自由球員。選秀的重要性大大提升，所以球隊又願意用低戰績來換未來的戰力。

在這些變化的交互影響下，棒球界再次出現了「故意輸球」的風潮，其基本程序如下：

- 將有價值的球員交易出去，以換取年輕、有未來性的新秀。
- 節省資金，派低薪球員出賽。
- 輸掉大量賽事後，囤積高順位的選秀籤，接著建立優秀的農場系統，培育有潛力球員。
- 讓有潛力的球員在小聯盟中發展，同時繼續派平庸的球員在大聯盟出賽。
- 潛力球員終於準備好時，整批拉上大聯盟，讓他們贏得一場又一場的賽事。他們也因此變成球隊的寶貴資產。

當然，沒有球隊會承認這些操作是在「故意輸球」。公平地說，有些球隊確實在面臨低潮，得經歷重建的過程。不過，也真的有不少球隊都照著以上程序在玩「抓放」，導致球賽變得很難看。

在二〇一九年和二〇二一年，各有四支球隊在單一賽季中就輸掉了一百多場比賽，因此創下了歷史紀錄。同時間，也有九支球隊的戰績走向非常可疑。在二〇一八年到二〇一九年間，巴爾的摩金鶯隊總共輸掉了兩百二十三場比賽，成為棒球史上在兩年內敗場最多的球隊。二〇二〇年的賽季因疫情縮短，二〇二一年恢復正常，但金鶯隊在那年又輸掉了一百一十場比賽。不光如此，底特律老虎隊在二〇一九年輸掉了一百一十四場比賽，是棒球史上排名倒數第四的單季戰績。幸好二〇二〇年的賽季縮短了，否則老虎隊很有可能再輸掉一百場比賽。

在那幾年間，就以這兩隊的輸球數字最具代表性，其他戰績下滑的還有白襪隊、藍鳥隊、馬林魚隊、皇家隊、水手隊以及海盜隊。許多球隊雖然在賽季中不時展現出競爭力，卻不願意趁此提升戰力，反而寧願輸掉許多賽事、乾脆放棄季後賽的門票。

隨著這種趨勢的發展，美國職棒的觀眾人數在過去十五年來持續下降；從二〇〇七年達到高峰就一直在下跌。在疫情爆發前的五年，進場人數持續下探。球迷日漸流失、對看棒球失去興趣了，反正整個聯盟有多達三分之一的球隊也不積極想贏球。

有土斯有財

「但等等！」你可能會想到：「我們在前面不是說過，球迷不再支持故意輸球的球隊，是運動界裡的基本社會契約。這樣才能懲罰擺爛的球團，刺激它們改變方向、加倍努力，以賺到應有的收益。」確實，這是常理。但就算觀眾人數下降，那些輸球球隊的收入卻在持續攀升。無論是在棒球或其他職業運動，「故意輸球」都不會損害到球團的收入。因為球隊已不是單純的運動產業，更不是其經營者主要的收益來源。

二〇一六年，亞特蘭大勇士隊一開季就連輸了前九場比賽。在四月中旬的股東大會上，勇士隊的老闆約翰．馬龍（John Malone）得先說明這段低潮。勇士隊的前老闆泰德．特納（Ted Turner）和已故的洋基隊老闆史坦布瑞納（George Steinbrenner）都無法忍受一直輸球，所以會解雇球隊經理或進行球員交易，以期能扭轉局勢。但馬龍卻毫不在意。當然他不認為勇士隊有能力走出谷底；球隊狀況很差，該年賽季也排名墊底，以九十三敗作收。事實上，他真的不在乎戰績。這究竟是為什麼？

他告訴在場的股東們：「請記住，現在的勇士隊不僅是職棒球隊，也是舉足輕重的房地產公司。」他沒有說錯。

前文談到，勇士隊會搬到亞特蘭大北邊郊區的楚斯特球場，是因為球團有機會來開發周邊的土地。他們成立了「勇士隊開發公司」（Braves Development Company）來實現這項目標。根據球團的組織結構，該公司與營運球隊部門的地位相當，兩端的主管都要直接向球團執行長馬克吉克（Terry McGuirk）匯報。我長年關注勇士隊的動態，但連我都無法判斷，當馬克吉克談到球隊的表現「很成功」、「收益亮眼」時，他指的是棒球隊還是房地產業務。我推測，該球團的房地產業務與球隊經營無法分隔，且之間有許多重疊的部分。自從勇士隊搬到楚斯特球場後，收入大幅增加，但這些盈餘又被拿去建造辦公大樓和飯店。毫無疑問的是，球團期望從中獲得巨大的利益，而贏得世界大賽不過是次要目標。

勇士隊並非單一特例，類似的開發計畫也出現在聖路易市的「棒球場村」（Ballpark Village），它佔地約一點四公頃，內含綜合性商場、娛樂設施、辦公大樓以及住宅區，這幾年越來越熱鬧。在德州的阿靈頓市，遊騎兵隊的新球場周邊有一項價值兩億五千萬美元的綜合性開發計畫，其中包括多家餐廳和露天活動場館。波士頓紅襪隊也在重建芬威球場周圍的四個區域。二〇二三年初，聖地牙哥教士隊與幾位投資者在市中心展開了「東村地區」（East Village Quarter）的綜合開發案，佔地約十八點五公頃，投資金額為十四億美元。二〇二〇年，舊金山巨人隊在甲骨文球場附近的麥科維灣（McCovey Cove）入口處大興土木，這項二十五億美元的開發案就是濱海新社區「巨石任務」（Mission

Rock），當中十座建築物包含百貨商場、公寓、停車場以及兩公頃大的公園。在加州的英格爾伍德市，洛杉磯公羊隊和洛杉磯閃電隊共用的新球場坐落在某開發計畫的核心位置，該計畫的總值為八十億美元。

這類型的都市發展計畫並不罕見，各球團也不是碰巧搭上發展計畫，趁機大撈一筆。在運動產業的新商業模式中，球團會積極開發各種收入來源，所以其收益不用光靠贏球，而輸球了也不會少賺。這種現象再發展下去，運動賽事就會變成招攬商機的附屬商品，球團老闆在各方面賺大錢，賣球票和電視轉播權的收入只是零頭而已。事實上，二〇二一年，有人建議奧克蘭運動家隊在不堪使用的舊球場附近建造新球場，那地點很不錯，不但與高速公路相連，也可從舊球場搭公車前往。但ＭＬＢ的總裁曼弗雷德（Rob Manfred）卻加以反對，他說：「這不是可行的選項，因為棒球界的願景應該要更宏大。」他不是說那個地點不適合打球，而是認為那片土地用來蓋球場太可惜。而且那塊地的主人正是奧克蘭運動家隊的老闆約翰．費舍（John Fisher），他應該會希望將其拿來蓋百貨商場、餐廳、住宅和辦公大樓。

當球場變賭場

球團和聯盟的另一項收入來源就是運彩。它們都逐漸意識到，這項收入不會被輸球所影響（就跟房地產一樣）。

二〇一八年五月十四日，運彩正式成為職業運動界的主要收入。先前的法律規定，除了內華達州，運動賽事簽賭在各州都是非法的。但在那一天，最高法院推翻了這條法律。接下來，合法的運彩在全美各地擴散開來。實際上，早在判決出來前，各州就已蠢蠢欲動了。紐澤西州率先制定出相關辦法，其他州也迅速跟進。

最高法院在討論運彩一案的初期，各大職業聯盟是支持聯邦政府的，也就是保留禁賭的法條。原因很明顯，在運動史上，賭博和比賽就是互相牴觸。以二十世紀初的「黑襪醜聞」為例，八名芝加哥白襪隊的球員一收了簽賭集團的錢，就在一九一九年的世界大賽中故意輸給辛辛那提紅人隊。到了一九八〇年代，大學籃球場上也曾有黑幫在操控比分差。二〇〇七年，NBA的裁判唐納吉也為了簽賭而操縱比賽過程。球團的經營者都有牢牢記住這些慘痛的教訓。

然而，就在各個州政府開始試圖解禁運彩、法律程序也走到尾聲時，各個聯盟就改變立場，加入了州政府的陣營。它們預見了事態的發展，既然運動賽事的賭博即將合法化，那一定要設法分一杯羹。

起初，各個聯盟都不熟悉運彩的經營模式。MLB官方就像淘金熱時期的鏟子推銷員一樣，拱手將其商標、圖案、統計數據等授權給新成立的州立運彩行銷與管理機構。起初，州政府都無視MLB應收到的分潤，於是各個運動聯盟便改變策略，直接與賭場合作。二〇一八年十一月，米高梅集團成為MLB官方的第一個運彩合作夥伴。接下來，多支球隊紛紛與賭場和線上博弈公司（如DraftKings和FanDuel）簽約。各大體育媒體如ESPN、運動員網站（The Athletic）、福斯體育台、CBS體育台、NBC體育台和特納體育台（Turner Sports）也都採取相同的做法。目前共計有十六支MLB球隊、十七支NBA球隊以及十四支NHL球隊與巴利娛樂博彩公司（Bally's Corporation）合作，並在它的地區性體育網站上轉播賽事。

在這些合作協議下，運彩已成為職業賽事中最重要的附屬商業活動。在賽事轉播的過程中，運彩的廣告時數已大幅超出賭場和度假村的廣告。米高梅集團獲得MLB的許可，可查閱各項官方統計數據，並將其收錄於它的運彩網站和賭場的手冊中。此外，米高梅還能預先查看每場賽事各隊的先發陣容，以便設定賠率。之後，官方才會向一般大眾公布這些資訊。米高梅還獨家獲得了「強化版」的統計數據，所以更能有效地吸引賭客來下注。除此之外，多支球隊也在球場內推出觀戰手冊，而各個體育網路平台也都在轉播內容中加入了運彩相關資訊。

過去四年來，職業運動界的周邊商機源源不絕而出，各聯盟和球團無不抓緊機會；而且無論球場上誰輸誰贏，它們都能賺到這筆錢。因為球團和聯盟已經變得越來越像賭場，而開賭場的總是贏家。

球團賺錢的管道一籮筐

如今，球團的營收不會受到球隊戰績所影響，還有一個原因是，各個球團的老闆開始將球場上的一切納入共同名下，所以不管各自的球隊是否輸球，他們都是贏家。

自二〇一五年起，MLB宣告它宏偉的願景：統一美國的棒球界，包含軟式棒球、各個層級的棒球，都納入MLB的旗下。小聯盟、獨立聯盟以及業餘棒球隊的老闆都將加入由MLB所管控的單一組織架構中。這個概念稱為One Baseball，MLB官方宣稱，透過一條龍、更有效率的培訓管道，就能提升球員的實力，並讓更多孩子有機會參與棒球運動，為將來儲備更多的人才。確實，這個目標本身很有價值，但它也有顯而易見的好處：培養下一代的球迷，進而在財務上獲得長遠的回報。

這個架構與國際足球協會（ＦＩＦＡ）的結構與執掌範圍有些相似：各國、各個年齡層以及各地的足球聯盟，都歸屬於單一組織的保護傘下。當然，就像ＦＩＦＡ一樣，這個傘下最有影響力的那群人獲利最多，也就是ＭＬＢ管理階層及其三十位球隊的擁有者。這些人能受益，是因為這麼一來，ＭＬＢ就更能掌控小聯盟的球隊與賽事。近年來，ＭＬＢ削減了小聯盟的規模與營運成本、重新調整其球隊的編制。以前有些小聯盟球隊能與大聯盟球隊分庭抗禮，也贏得不少球迷進場支持，但如今它們都變成了大聯盟的附屬機構，更不要說獨立聯盟了。此外，過去由營利性的業餘棒球協會所舉辦的新秀表演賽或各級巡迴賽，如今也都被ＭＬＢ一手掌控了。

透過One Baseball計畫，ＭＬＢ還在海外投資棒球基礎設施，並將重點區域放在棒球人才豐富的拉丁美洲國家，如委內瑞拉、哥倫比亞、巴拿馬、古拉索以及阿魯巴。有了這條由上而下、全面掌控的培訓管道，ＭＬＢ找人才的成本就降低了，在選秀會上提出高額簽約金的新人也變少了；因為他們只能拿出真本事，去爭奪小聯盟球隊中不斷變少的位置。One Baseball或許真能改變棒球界的結構，並更有效率地培育人才，但其背後的目的，還是要讓各球團能控制成本與支出，用球賽創造更多收入並獲得更多的分潤。最終，沒有一個球團老闆會賠錢，那怕他的球隊好幾年戰績不佳，或營運不善虧損了一些錢。

在本世紀初，MLB創立了網路串流媒體平台MLB Advanced Media，最初的目的是希望透過數位媒介來轉播賽事，但它又生出了子公司BAMTech，之後再以數十億美元的價格出售給了迪士尼。同樣地，MLS也擁有一個專門負責行銷的單位，名為「足球聯合行銷事業部」（Soccer United Marketing），由該聯盟所有的球團老闆共同持有，並且由MLS總裁唐．加伯（Don Garber）擔任最高主管。此單位為該聯盟及球團老闆提供了重要的收入來源，就算輸球或球迷不開心也不會受到影響。NFL、NBA以及NHL都有類似的行銷部門。

運動賽事是一門生意，業主努力在球場外開源增加收入，並沒有什麼不對。但主事者在拓展相關業務時，應該要以大局為重，包括守護運動界的社會契約。球賽本身應該刺激、緊張、有娛樂價值，才會有更多球迷想觀賞，球隊才有未來。

對於球迷以及球團老闆來說，這些因素環環相扣、彼此正相關。但近年來，不管比賽過程有多激烈、球迷有多熱情，都跟球團的收入沒關係。這些正向要素的關聯性來到了歷史低點。球隊與聯盟從賽事中所獲得的收入，遠遠不及於球場外的業外收入，包括房地產、運彩以及行銷活動等等。這些錢都進到球團老闆的口袋，而且與球隊的戰績、球員的表現和球迷的支持無關。

長久以來，電視轉播的權利金是聯盟的主要收入來源，也絕對與比賽的內容直接相關。但近年來，轉播授權的模式變了。有線電視業者都需要專業的體育節目，其轉播的賽事要多、過程要精彩，這樣收視戶才會願意繼續訂閱。因此，業者向各個球隊和聯盟簽訂了長達十年、二十年、甚至是三十年的轉播授權合約。他們為此支付了數十億美元的保證金，但合約期限拉太長了，球隊不見得會全力保持競爭力和戰力。如果球團每隔兩、三年就得重新談轉播合約，那應該會設法提升戰績，但如果下次談合約是一、二十年後的事情，球團就不會積極砸錢去買球員來提升戰力。

想想看今日的球團老闆能賺多少錢：賣出未來十年的電視轉播權，並得到了數十億美元的保證金；從球場周邊的房地產開發案賺取了數十億美元；透過運彩和網路行銷賺入數十億美元。既然商機無限，他們就更不想投入大量資金到球隊上頭，更不會付高額的簽約金去簽下好球員，也不會努力提升球隊的競爭力。對於過往的球團來說，贏球和吸引球迷是非常重要的，所以球團老闆會想法設法去組建出戰力最強的隊伍，以免被球迷拋棄。但現在這個動力在哪裡？證據顯示，當今職業球場上故意輸球的狀況這麼多，但球團的收益卻幾乎沒有受到影響，這便足以證明，努力贏球的動力早已消失了。

第6章

球員也是勞工

一九九四年八月十一日是MLB歷史上相當具有代表性的一個星期四。當時聯盟有二十八支球隊，那天有十八支球隊進行比賽，另外十支球隊輪休，準備迎接隔天既定的十四場比賽。但到了週五，卻沒有任何一場賽事開打。事實上，從那天之後到賽季結束，聯盟沒有進行任何一場賽事，因為在一九九四至一九九五年球季，MLB發生罷工事件，將近有九百五十場的例行賽、季後賽以及世界大賽全部都被取消。

若你記憶猶新，長久以來都有在關心棒球運動，那應該會記得，當時大家都認定，賽事遭到取消球員要負最大責任。當年的蓋洛普民意調查顯示，多數球迷都支持球隊老闆、站在球團管理階層那一邊。這反映出了社會大眾的普遍認知，雖然受訪者都不清楚勞資爭議的具體細節。總之，球迷認為有錯的是球員。

這種心態很好理解，畢竟罷工是球員發起的。從表面上看來，那些球員都是貪婪的百萬富翁，想要藉由連小朋友都會玩的運動，以獲取天價的薪酬，那比你我在一生中看到過的金錢都還要多。因此球迷們便會質疑，這些球員到底憑什麼罷工？球隊老闆聲稱，若要支付這些球員想爭取的數百萬美元薪資，球團就會破產。因此，他們想要設定球員的薪資上限，就像職業足球和籃球一樣。既然那兩個聯盟都蓬勃發展，就代表薪資上限行得通，為什麼棒球界就不能試行？球員們為何要發起罷工，毀掉了長久以來美好又有歷史意義的職棒賽季，讓球迷們看不到心愛的洋基隊、道奇隊和小熊隊？

事情真有這麼單純就好了。球員和球隊老闆不只是在某一輪談判中意見不合而已。在一九九四至九五年的罷工事件裡，有許多複雜的原因，而且球員和老闆已累積了近三十年的憤怒。彼此間充斥著不信任、欺騙與怨恨。雙方已發生過多次小規模的衝突，也出現過長時間的對抗，直到一九九四年八月才爆發全面衝突。

在這三十年之前的情況又是如何？聯盟創立長達一世紀的時間，球員完全受到球隊老闆的支配，不管在形式或實質上皆可與許多悲慘的勞工故事相提並論。透過工人們的辛勤工作，企業的大老闆們賺了數百萬、甚至數十億美元，卻拒絕與勞工平等分享利潤，也不願制定公平的工作條件（甚至有不人道的對待），更不想真誠地進行勞資談判。

有些人只看到當今的榮景：許多運動員富有又出名，到處受到禮遇。但就在不久前，他們傑出的前輩還被大老闆們當作球團的財產。這些選手沒有退休金、沒有醫療福利，就連薪水都少得可憐，甚至得在球季外再去找一份正職工作。從極度不公的勞資關係轉變到今日合情合理的制度，整整走了一百年，而且大部分的改善都是出現在一九六

○年代以後。這都要歸功於運動員的挺身而出，勇敢對抗聯盟與球隊老闆。想想看，球團的收益都建立在球員的才華和名望上，當然要公平分配。透過工會組織，球員要求資方承認，他們應得到公平、人道的待遇，否則一旦受傷或變老，就再也無法吸引觀眾，並像古羅馬競技場的鬥士一樣被拋棄。

比起其他運動領域，棒球界的勞資衝突規模較大。過往，球員完全受到老闆的擺布；今日，辛苦打球的球員都能獲得平等的分潤。在此轉變過程中，勞資雙方出現大量的糾紛與訴訟，於是我們才能清楚看到這一路發展的脈絡。然而，它變化的軌跡與其他領域的社會議題有許多相似處。只要更熟悉這段歷史，你就會從不同的角度去看球員與球隊老闆的對立。

MLB的球員工會簡史

在職棒聯盟成立後的一百多年來，各球團的擁有者全面控制了勞資關係。在最初的二十年，球員簽訂合約時還算有自主性，也賺取了可觀的收入。但到了一八八○年代，球團老闆在每份合約中都加入了「保留條款」(reserve clause)。根據一八八七年的《利平科特月刊》(*Lippincott's Magazine*)的報導:「這是用來操縱球員交易的花招和投機手法,球員像羊隻一樣,送去家畜市場買賣或轉手。」

有了保留條款,球隊便獲得一項莫大的法律權利:永久取得球員在球場上的各項服務。只要球員的合約期滿,就會自動續約一年(即優先續約權),而薪水的高低全由球隊老闆決定。在保留條款的效力下,球員無法控制自己的職業生涯。球隊老闆可以決定球員是否能上場、要替哪支球隊打球以及能賺多少錢等等。球員若不喜歡這樣的合約,就去工廠或農場找其他的工作吧!球員的生涯完全由球團老闆來決定,只能像棋子般任憑擺布。

在隨後幾年,球員們試圖組織工會,但沒有取得實質上的成果。一八八五年,他們創立了「職棒選手聯誼會」(Brotherhood of Professional Baseball Players),成為美國史上第一個為運動員爭取權益的組織,其終極目標是提高球員待遇和終結保留條款。該組織得到了「國家聯盟」的認可,但球隊老闆卻不肯做出重大的讓步,而球員們也不想罷工。

因此,球員們在一八九〇年創立了另一個聯盟,一起當球隊的老闆。可惜的是,這個名符其實的「球員聯盟」(Players League)只持續了一個賽季就以失敗告終。球員們又乖乖地回到了國聯打球，接下來的五十年，球員的勞動條件沒有獲得實質的改善。

到了一九四〇年代，球員們又嘗試組織工會，但組織依舊是殘缺不全，最後胎死腹中。不過為了回應球員們的呼籲，各個球團老闆同意建立退休金制度，但每人可領的金額卻是少得可笑。球員們最終在一九五三年成立正式的工會「美國職業棒球大聯盟球員工會」（簡稱MLBPA）。然而這個工會的力量卻極為薄弱。因為它的最高階職員並非球員，而是勞權律師約納斯．諾曼．路易斯（Jonas Normal Lewis）。不過，這位律師反對勞方以罷工作為要脅手段，所以建議球員坐下來談就好。事實上，他之所以有這種想法，是因為他所屬的律師事務所也受雇於紐約巨人隊，但他沒有迴避兩造間的利益衝突。

即使沒有這層矛盾，結果應該也是差不多，因為球員們不大有興趣把自己當成有工會的勞工。他們與自己百年來的各個前輩一樣，被球隊老闆的說詞與觀念所洗腦。他們相信打球只是為了賺錢，而不是去公司上班。就像當時美國社會大眾一樣，球員討厭工會運動。所以，他們對於路易斯所提出的建議「罷工沒好處」都深信不疑。在一九五〇年代，大多數的選手都認為，工會跟墮落的黑幫沒兩樣，而罷工是惡行，只會讓自己拿不到薪水。

到了一九六六年，球員們對於退休金過低的擔憂再次浮現。儘管他們依舊擔憂有實力的工會很可怕，但決定解僱路易斯，並聘請一位全職、獨立的工會主席，並投票選出約翰．羅伯特．坎農（John Robert Cannon）來任職。坎農也反對罷工，還曾公開爭取MLB的執行長，所以比路易斯的身分更有利益衝突。坎農獲選為工會的主席後，馬上要求大幅加薪，所以球員們改聘第二高票的人選：美國鋼鐵工人聯合會的顧問、經濟學家馬文．米勒（Marvin Miller），他接受了不高的薪水待遇，願意出任工會主席。

米勒全面改善了MLB的勞工待遇。他在任期內的各項作為足以寫出整整一本書（還真的有人寫出來），以下是其要點整理：

- 米勒在一九六六年剛上任時，針對球員的退休金制度，立即與球團老闆重啟談判，而球員的地位馬上提升。他指出，球團過去以非法的手段挪走了退休金，還用話術讓球員接受了荒謬又低廉的退休金。過去對勞權不感興趣的球員，如今都受到激勵，全力支持工會。

- 一九六八年，米勒針對第一版的勞資集體協議（Collective Bargaining Agreement，簡稱CBA）與球團擁有者進行談判，而球員的最低薪資隨即增加了百分之四十二。此外，雙方也擬定了球員提出申訴的程序與辦法，並由大聯盟執行長進行仲裁。在一九七〇年的勞資集體協議中，球員獲得更多的申訴權利。雙方得成立中立的三人仲裁小組，而不是只在執行長面前進行聽證會。短短幾年內，這項改革的重要性就獲得證實了。
- 在一九六九年到七二年間，聖路易紅雀隊的明星球員柯特・弗洛德（Curt Flood）對保留條款提起法律訴訟。弗洛德本來要被交易到費城人隊，但他認為，自己是合法的勞工，應該有選擇在哪裡工作的權利。雖然美國最高法院判他敗訴，但在米勒的大力支持下，其他球員也受到鼓舞，繼續挑戰保留條款的合法性。
- 一九七二年球季初，米勒率領工會進行了長達十二天的罷工，這是MLB史上的第一次罷工。他們主要的訴求在於改善退休金制度以及成立薪資仲裁制。最終這兩個訴求都通過了。球員們現在意識到了集體行動的力量，未來若需要再次集結，就不會再感到擔憂。

- 一九七四年，奧克蘭運動家隊的明星投手卡特菲許．亨特（Catfish Gunter）運用米勒所爭取的仲裁制度，控訴球團老闆查理．芬利（Charlie Finley）沒有履行合約中的激勵條款，也沒有足額支付合約中所載明的年薪。芬利違反規定，該份合約被視同無效。亨特贏得了訴訟，還成為百年來第一位能自行選擇要投靠哪支球隊的棒球員，也就是所謂的自由球員。他與洛杉磯道奇隊簽下了巨額的合約，為期五年，共價值三百五十萬美元，其中包括一百萬美元的簽約金。先前有些球員對自由球員制有所懷疑，但當下都清楚見識它的益處了。
- 一九七四年，米勒說服了兩名投手——洛杉磯道奇隊的梅瑟史密斯（Andy Messersmith）與巴爾的摩金鶯隊的麥克納利（Dave McNally）在履行完合約後，不簽署新的合約。之後他們尋求仲裁，結果判定他們屬於自由球員，而保留條款中的自動續約規定是非法的。就在一九七五年，他們獲得勝利，終結掉了保留條款，開啟了職業棒球的自由球員時代。

在米勒擔任MLBPA主席期間，球員的退休金制度變完備、每日津貼大幅增加、自由球員制度也出現了。此外，球員的平均年薪從一九六六年的一萬九千美元增加到一九八二年的三十二萬六千美元。在美國的職業運動史上從未有過這樣的成就。許多人都認為，米勒使MLBPA成為全美最強大也最成功的工會，無人能出其右。米勒卸下主席職位後的二十年，球隊老闆企圖收回他努力替球員爭取到的各項權利，最終在一九九四年至九五年間，才終於爆發了大聯盟史上最大規模的罷工事件。這不是貪婪的球員們想要獲取更多薪資，而是當時MLB的代理主席塞利格（Bud Selig）以及幾位一丘之貉的球隊老闆想要瓦解工會。

NFL的工會發展簡史

其他職業球員工會的發展史與棒球工會差不多。以美國冰上曲棍球聯盟（AHL）為例。一九五五年，多倫多楓葉隊的明星後衛提姆．霍頓（Tim Horton）在比賽中撞斷了腿。在他因傷缺陣期間，球隊並未支付他應得的薪水，第二年將他減薪，理由是他戰力下降。霍頓在休賽期間還得去工地打工維生。許多球員都承受過類似的待遇。因此，底特律紅翼隊的泰德．林賽（Ted Lindsay）在一九五〇年代晚期決定要組工會。紅翼隊隨即將林賽交易到芝加哥，試圖打擊剛萌芽的工會組織活動。每當組織有點進展，參與組工會的球員就會被交易出去或降到小聯盟。

林賽吹響號角的十年後，許多球員才聯合起來，說服球團老闆們承認「國家冰球聯盟球員工會」（簡稱NHLPA）的存在。和棒球一樣，NHL的球員們罷工不少次，以鞏固多年來工會所爭取到的許多權益。他們在一九九二年進行了短期罷工、在一九九四年進行了長期罷工。二〇〇四至〇五年賽季，球隊老闆強行封館，整個賽季都報銷了。

籃球界在一九五〇年代中期才開始設立工會組織。在此之前，球員沒有退休金制度、每日津貼、最低工資以及醫療福利。當時球員的平均薪水只有八千美元。後來頂尖球員鮑勃．考賽（Bob Cousy）召集眾多球員提出集體訴求，並揚言，球隊老闆如不坐下來進行協商，球員會退出一九五五年的全明星賽。最終，球團同意減少無薪表演賽的場數，並支付球員參與宣傳活動的薪水。兩年後，考賽和球員們再次威脅要罷工，工會才獲得官方的承認。

職籃工會早期為球員爭取到的權益包括：每日七美元的生活津貼、球季中被交易時的搬家費用以及季後賽的收入分成。籃球界也發生過一些勞資糾紛，最著名的是一九九八年NBA的封館事件，當時勞資雙方談判破裂，導致整個賽季有超過三分之一的賽事遭到取消。

職業美式球員很容易受傷，職業生涯又很短暫，所以他們的工作待遇和健康問題至關重要，美式足球界在一九五〇年代中期開始籌辦球員工會。當時，在長達八週的訓練營和表演賽中，球員並無支薪，但在這些活動中，他們也可能會受傷、需要時間復健，進而失去了參與正規賽事所能獲得的薪資。一九五六年，綠灣包裝工隊和克利夫蘭布朗隊的球員組了工會，成功迫使聯盟面對球員的諸多不滿，並確立了最低薪資與退休金制度。一九六八年，雙方簽署了第一版的勞資集體協議後，NFL官方才正式承認

NFLPA為球員的談判代理機關。一九八二年九月，NFL球員集體罷工，要求聯盟建立與MLB相同的自由球員制，並將轉播的收入分更多給球員。各個球團老闆只做出了一些讓步，在停賽七週後，罷工事件結束。

球員們在一九八七年再次發動罷工，但這次球團老闆們聘請了不屬於工會的替補球員去比賽，因此被取消掉的賽事較少。二〇一一年的休賽季期間，由於勞資談判破裂，所有相關活動停擺了長達十八週，包括自由球員的簽約、季前訓練都被取消。球員無法見到隊醫、無法進入場館進行訓練、也無法與教練溝通相關事宜。

球員賺再多，依舊是弱勢的一方

運動員紛紛組成工會，並適時發動罷工，才能突破資方的強制封鎖。從此以後，球員的處境得到了顯著的改善。然而隨著時間過去，球隊老闆所收入翻倍增長、球員的收益卻在逐漸減少。如今，不管是哪一種職業球員，他們所獲得的分潤比例比在一九九〇年代還要低。因為老闆們改變了策略，不再全面攻擊工會或控管薪資上限，而是逐漸削弱球員的收益。事實上，這樣的策略非常有效。

在ＭＬＢ，球團老闆的新策略是設立「球團營收共享制」，也就是將各球團的收益集中管理、重新分配。此外，聯盟還設定嚴苛的「奢侈稅」，若球隊的整體薪資超過規定的上限，就會被罰款。這麼一來，球團就不想付更多的薪水給球員，或在表面上不會對球員太好。聯盟還想方設法，要限制這兩種球員的薪資額度：透過選秀而來的新球員以及國際業餘自由球員，因為他們都不隸屬於球員工會。

另一項剝削球員的重大手段，就是壓縮小聯盟球員的薪資。聯盟曾試圖遊說國會，將小聯盟球員認定為「季節性雇員」，只能領取微薄的薪水。聯盟打壓這些低薪、不屬於工會的球員後，便將這套辦法應用到大聯盟球員身上。因此，許多年輕球員感到絕望，只能在生涯早期簽下對球團有利的合約，希望在成為中堅戰力後再去行使更大的談判權力。在棒球界，我們明顯可以感受到這樣的氛圍：比起努力贏球，球隊花更多心思在節省成本、砍球員的薪水。在二〇一九年前，大聯盟官方還會頒發貨真價實的冠軍腰帶，送給在薪資仲裁中對球員薪資殺價最多的球團經營者。這種受贈儀式是大聯盟高層經營者之間的秘密，但在被公開爆料後便停止了。

美式足球界也存在類似的情況，根據最新版的勞資集體協議，每支球隊在正規賽季中的比賽場數從十六場增加到十七場。球員們所享有的分潤從百分之四十七增加到四十八點五，但仔細算一下就會發現，比賽場數增加了百分之六點三，而球員的分潤只增加了三點一，輪空週也被取消了，在十八週的賽季中，每隊必須進行十七場賽事。

聯盟官方在口頭上宣稱，它都有在關注球員們的健康和安全問題。事實上，大眾都已認知到，美式足球的暴力性，會導致球員有腦震盪的問題，並出現短期或長期的腦部損傷，而相關的治療也有長足的進步。在一九九〇年代初，前任聯盟執行長塔格利布（Paul Tagliabue）一再否認美式足球太暴力，而球員的健康問題是騙人的、都是記者所杜撰的。如今，醫學界已制定出了嚴格的規範，以避免球員有腦震盪的問題，但球團仍然讓受傷的球員上場比賽，無視他們的健康問題。

對於職業運動界的勞資爭議，民眾大多認為毫無意義、無關球賽，只是百萬富翁和億萬富翁之間的鬥爭。但事實上，職業球賽就是勞動，而運動員就是勞工。球員們能從事這項工作、領取薪水，就是由球迷所創造出的經濟活動。職業運動員每年的薪水高達數十萬甚至數千萬美元，但仍然是工會組織的成員，他們的權益也很重要。但是，該付薪水的億萬富翁和企業巨頭們卻很小氣，明明自己從電視轉播權利金、票務銷售以及其他的收入來源獲得了巨額的利潤。

許多人都會抱怨職業運動員的薪水太高了，但很少有人在抱怨球團老闆跟股東究竟賺取了多少利潤。哪怕職業球員該減薪，但球團省下來的錢也不會用在降低門票或球場餐飲服務的價格。事實上，球場還會降低成本，不想多花錢維護球場的基礎設施，包括工作人員的薪水和球員的訓練器材。總之，全部的收入都進了球隊老闆的口袋。

在廣大的商業世界中，許多大公司都會惡意裁員，或是給員工的薪資低於市場水平，更不會提供相關的保險和福利。對於這些賺取巨額利潤的企業，我們都不會支持。但只要變成球迷，我們卻很一致地站在資方那一邊。最大原因在於，與一般商業活動的情況不同，職業運動界的「工人」每年都能賺到數百萬美元。此外，球迷們對於球團有一種感情與忠誠度，對於球衣和隊徽也投入了情感。

不過，我們應該要注意到，經營球團的億萬富翁，利用了球迷的忠誠和情感當作籌碼，以減低球員的薪資和工作條件。我們應該避免落入這種陷阱。這些爭端絕非毫無意義、無風起浪，所以我們不該一面倒地支持球團。球員與老闆的勞資糾紛難免會威脅到賽事的正常進行，而不少球迷總會質疑：為什麼那些職業球員可以得到那麼高的薪水？

老闆付了數百萬美元叫他們去揮揮棒、踢踢球，這工作太輕鬆了！

我們應該摒棄這樣的想法。

雖然我從小就開始看球，但從來沒有心急如焚地跑到街角的商店去購買球團發行的球員卡，也沒有買過任何一件印有球團老闆名字的球衣。觀看比賽的時候，我不會為了球團加油打氣：我只為球員吶喊。當球場上的競賽轉移到勞資的談判桌上時，我依然是站在勞工的那一邊。

第7章

球場上的愛國主義

二〇一四年十月，我人在堪薩斯城，準備報導MLB世界大賽，由堪薩斯皇家隊對決舊金山巨人隊。比賽開始前幾個小時，皇家隊的媒體聯絡人遞給我一份文件，上面列有當天的賽前活動與其他相關細節。世界大賽是七戰四勝制，而在二〇一四那年，這兩隊扎扎實實打完了七戰才分出勝負。而第一戰的活動細節有：

- MLB主席塞利格（Allan H. Selig）與當地的退伍軍人會面，以表彰他們的貢獻。首先，塞利格會前往堪薩斯榮民醫療中心探視退伍軍人。一同出席的還有MLB執行長曼佛瑞德（Rob Manfred）、皇家隊總裁丹．格拉斯（Dan Glass）、皇家隊傳奇球星約翰．梅伯利（John Mayberry）、美國退伍軍人事務部部長羅伯特．麥當勞（Robert A. McDonald）以及參謀長聯席會議的副主席溫尼菲爾德（James A. Winnefeld）。
- 退伍軍人參加賽前儀式，以及負責極具意義的開球活動。儀式由麥當勞部長和溫尼菲爾德上將共同主持，後者是美國位階第二高的軍事將領。嘉賓還有在戰場上受傷而退役的士官長索特羅（Pedro Sotelo）。

- 在第七局上半結束後，退役的海軍上士傑納羅德．威爾遜（Generald Wilson）演唱《天佑美國》。
- 福斯傳媒轉播負責轉播第一戰，並會播出律動療法（Whole Body Viration）的公益廣告。此外，MLB也會推出兩支新的公益廣告，內容為支持退伍軍人返鄉計畫。這些廣告表現出對軍人的感謝，以及歡迎男女士官兵回歸鄉里。透過棒球運動，我們要展現對國軍的支持與鼓勵。這兩支廣告由BarrettSF公司負責。
- 美國銀行乃MLB的官方合作銀行，在活動當日，其工作人員會在考夫曼球場的每個出入口發放國旗給進場球迷。到了第七局上半結束後的換場時間，在《天佑美國》的演唱表演結束後，球迷會一同起立致敬，以表彰正在服役以及退伍的軍人。美國銀行在二〇一四年舉辦了許多「感謝國軍」的相關活動，而在七局中段的這一刻，將會是這系列活動的高潮，累計參與致敬的人數將達到百萬人次。

- 前參議員鮑勃・多爾（Bob Dole）出身堪薩斯州，是當地的代表人物，他在第二次世界大戰期間擔任戰鬥步兵，並將於「百威英雄座位席」上接受表彰。多爾在戰場上受傷後轉而研讀法律，並前後在堪薩斯州議會以及美國國會擔任議員，共計超過三十五年。

多爾將他的座位讓給了來自密蘇里州的警察局長馬修・岡薩雷斯（Matthew Gonzales），後者在陸軍服役了九年，現正與一種罕見且致命的癌症奮鬥中。岡薩雷斯在二〇〇七年於伊拉克的軍事行動期間，被診斷出罹患癌症。

- 長久以來，皇家隊都會表彰對於黑人職棒聯盟（Negro Leagues Baseball）有傑出貢獻的成員。為了維續此傳統，在世界大賽第一戰當天，皇家隊會安排海軍陸戰隊退伍軍人東尼・克拉克（Tony Clark）坐在傳奇球星巴克・奧尼爾（Buck O'Neil）的紀念席上。來自堪薩斯州的克拉克，現今正善用他在戰場上的經驗參加各類型的馬拉松賽事，藉以籌募資金、幫助退役軍人尋找事業上的第二春。

- 空軍少校羅伯特・賽德斯（Robert Sides）與他的兒子奧斯丁都會在皇家的律動療法廣告中亮相，而後者將在第一場比賽開始前負責喊出「比賽開打」。

九一一恐攻事件發生時，我已經是成年人了。而這份流程表交到我手上時，我已在九一一後的美國生活了十三年。我完全理解美國社會在這段時間發生了哪些變化。不管是在棒球比賽、音樂會、頒獎典禮等各種公共活動中，我們都想舉行儀式以向軍人致敬並歌頌他們的貢獻。九一一事件後，美國發動了反恐戰爭，而整個國家需要團結一致，而人們都會聚集在這些場所。

我完全理解，國家必須在這些日常的集會場所宣揚愛國情操。因此，小布希總統才在九一一事件後的第一場職棒賽事中大張旗鼓地來開球。而ESPN甚至為此製作了一部慷慨激昂的紀錄片來描述那次開球儀式。此後，職棒隊伍會在特定的日子穿上迷彩色系的球衣，而警察和消防員會在中場休息時間接受表揚。各球場的工作人員會在外野看台上拉開巨大的美國國旗；而國歌唱到「勇者的家鄉」(the home of the brave) 這句歌詞時，會有好多架戰鬥機飛越球場上空。

愛國主義變成球團斂財的工具

那天下午，我坐在新聞室裡突然想起，這種展現愛國情操的活動已流於形式，不但過於浮濫，還有許多企業來掛名贊助。九一一事件發生後已過了十多年，全民需要團結抗敵的時刻已經過去，但我們仍在宣揚愛國情操，彷彿時間仍舊停在二〇〇一年九月十二日那一天。這十幾年來，全國民眾對於政府的外交路線、施政方針以及戰爭決策有很大的意見分歧，但這類儀式卻仍一成不變地舉行。

那天坐在世界大賽的新聞室裡，我寫下了一篇文章，內容提到：

十三年年來，MLB官方與各球團不斷舉辦儀式來向軍人和榮民致敬，但無論它們抱有多大的善意，這些活動都已變得千篇一律，甚至遭到各企業的浮誇濫用，只為了滿足其利益。相關單位也許是時候該收斂一下了。

就在不到一年後，我們卻發現這些致敬活動並非都是出自於善意。事實上，它們都是精心策劃、四處灑錢的「大內宣」活動，背後出錢的都是聯邦政府。

二〇一五年秋天，參議員約翰·麥侃（John McCain）和傑夫·弗萊克（Jeff Flake）共同發表了一份監督報告，內容揭露出，五角大廈在五年內花了七百萬美元在職業賽事中舉辦各項愛國儀式，範圍包括職業美式足球、職業棒球、職業籃球、職業冰上曲棍球、職業足球、納斯卡賽車（NASCAR）和印第賽車（IndyCar）等。國防部發言人稍後也坦言，政府付錢舉辦這類活動，目的是為了招募軍事人員。兩位參議員的報告指出：

> 這些由政府付費的致敬活動包括：旗隊表演、募兵宣傳、入伍儀式、演唱國歌、大小國旗贈品和開球儀式。國民兵的管理部也會支付相關費用給球團，用以舉

辦軍人感恩之夜、慶生會，並掛名贊助比賽。舉例來說，在美式足球水牛城比爾隊的某場「向軍人致敬」的比賽中，就由軍方冠名贊助。國防部甚至付錢給球團，好在球場上舉辦驚喜派對，以歡迎將士們從戰場上歸來或表彰因公受傷的軍人。而職業球隊收了錢去協助舉辦軍人主題日，請受傷戰士與歸來部隊上場接受歡呼，但這等於是拿納稅人的錢去宣揚納稅人的愛國情操。

麥侃和弗萊克參議員在附帶聲明中指出：

在職業賽事的球場上舉辦向軍人致敬的活動，實際上不是出自於愛國主義，而是將數百萬美元的稅金從國防部送進富裕的職業球團的口袋裡……球迷們當然想要向家鄉的英雄致敬、感謝軍人的犧牲奉獻，但這不應該是用行銷手法來推動。

這些活動確實都是行銷手段，而NFL的各個球團利用愛國主義賺了許多錢。亞特蘭大獵鷹隊在這方面領先群雄，共獲得了八十七萬九千美元。在二〇一三年，獵鷹隊全體隊員列隊歡迎八十名國民兵到場，還在球場上展開巨大的國旗，接受現場眾多熱情觀眾的歡呼。

至於新英格蘭愛國者隊，既然使用了這樣的隊名，那球團舉辦軍人紀念活動就不需要拿錢了吧？結果它收了七十萬美元。水牛城比爾隊獲得了六十五萬美元。亞特蘭大勇士隊收到了四十五萬美元，這在MLB球團中是最多的。威斯康辛州的空軍國兵民也曾付款給密爾瓦基釀酒人隊，因為在二〇一四年的週日賽事中，它請人來演唱《天佑美國》。明尼蘇達野獸隊是賺最多愛國財的NHL球團，高達五十七萬美元。

這類的宣傳活動令人感到不悅，因為背後有龐大的商機在操弄這一切。在巧妙的操作下，球迷們會深信，不管在哪種場合中，大家都想要向軍人致敬、讚頌家鄉英雄，並一同高唱《天佑美國》。他們還以為，各球團是無償舉辦這些公開儀式，是自發性地想致敬人民英雄。這類活動背後的金錢交易後被踢爆後，人們的愛國心反而大受打擊。原來政府利用球賽來操縱公眾對於軍人和球隊的愛國情懷，各大球團也樂意收錢，跟政府沆瀣一氣。

在麥侃的報告出爐後，國會終結這項歪風，各機關不再付錢宣傳愛國活動。但如今在各大球賽中，跟軍人有關的主題仍有龐大的商機。

球場不再是遠離塵囂的樂園

每年MLB也會舉辦軍事主題日，請球員們穿上軍事風的球帽和球衣，然後將這些商品賣給球迷。NFL在開賽前，仍會商請戰鬥機飛越球場。二〇一七年，美國網球公開賽男子單打決賽開賽前，海軍陸戰隊的掌旗官與西點軍校的學生們聯合表演，以紀念九一一事件的受害者。他們共同舉起巨型的國旗，並演奏《天佑美國》，過程中，四架美軍戰鬥機還飛越球場上空。當天要打決賽的兩位選手分別來自西班牙和南非，不知道他們是否有因為這些儀式而深受感動。他們應該會覺得，這個國家的人把軍事活動與運動賽事深深綁在一起，而且不可動搖。

威廉．斯托（William Astore）是退役的美國空軍上校和歷史教授，那年他也坐在美網公開賽的觀眾席上。隔年，他為《哈芬登郵報》撰寫了一篇相關的文章，並在結尾點明了上述連結的內在矛盾：

> 在大型企業的贊助與主導下，球場上常常出現浮誇的愛國活動與儀式。社會大眾在觀看運動賽事時，不知不覺地在心中被植入美國式的情操與信念。在全國各地的運動場上，透過手機螢幕或電視，我們看到身穿制服、光鮮亮麗的年輕男女在足球場、棒球場甚至是網球場展開巨大的國旗，而戰機在頭頂上呼嘯而過……
>
> 但必須記住：這並不是戰爭的真實樣貌。戰爭是可怕的，它展現了人類境況中最惡劣的一面。運動賽事與軍事活動被混淆在一起，各大財團也軋上一角。這是用錯誤的角度去看待我們的軍隊和運動員，也是在傷害國家。因為這會削弱美國民主的完整性。

霍華德．布萊恩特（Howard Bryant）是ESPN的資深記者，他在二〇一八年的著作《傳承：黑人運動員、分裂的美國以及愛國主義》（*The Heritage: Black Athletes, a Divided*

America, and the Politics of Patriotism）中詳細談到，球賽、愛國主義和軍國主義是如何被併在一起。布萊恩特指出，即便政府機關不再花錢去喚起人們的愛國情操，民間單位卻仍在舉辦致敬活動與軍事展演，而且數量與規模都在擴增。這類儀式不限於向軍人致敬，警察、消防隊以及其他救難人員也在感謝的對象中。穿著制服的軍人或警察出現在運動場時，球團、聯盟以及負責轉播賽事的媒體，總是會在第一時間凸顯他們的存在；他們有時是在場負責公關或維安工作，或者只是做為球迷進場看球。在我們國家，軍人與警察有至高無上的威信，所以請他們當球賽的代言人非常有說服力。反過來說，球場上的相關活動也能有效對強化軍警在人民心中的地位。

這種情況不太可能在短時間內消失。布萊恩特在二〇一三年為ESPN撰文談到這些顯著的現象，即便在十年後的今時今日，美國社會仍舊很吃這一套：

> 以前，球團與球迷都會把重心放在球場上，藉以遠離世上發生的重大事件。但當紐約世貿雙塔倒下後，這樣的傳統已不復存在。職業賽事原本為了想賺錢的聯盟與球團而存在，是中立的避風港，好讓付錢的觀眾得以遠離危機四伏的外

在世界。但自從那一天起，職業賽事已成為社會大眾和政府的慰藉。在歷經了伊拉克與阿富汗戰爭後，世界各國與美國國內都不斷出現恐怖主義的威脅。在過去的十幾年來，舉辦賽事的球場一直是展現愛國主義的場域。運動產業曾經想避開複雜的外在世界，如今卻張開雙臂擁抱它，成為表現愛國主義的主要舞台，甚至將它融入為比賽的一環。

原本場上的愛國儀式只是暫時性的活動，但如今已變成了常態。職業球團與聯盟一開始利用球迷的忠誠來賺錢，又在勞資關係中剝削球員，甚至從地方政府手上換來有利的發展條件。過去二十年來，職業賽事變成了操控球迷和輿論的工具，而且形式很多。這些都是政治活動，只是為了宣傳虛偽的愛國主義和無恥的軍國主義。作為球迷，我們有責任問問自己，我們是否想成為這其中的一份子？若你不想成為共犯，但又想繼續看球，那該如何找到協調的方法。你想投入自己所喜愛的運動賽事，卻又不想被聯盟和球團掌控，參與這些實際上已變調的賽事。

我們也想知道，是否能建立起一種新的球迷文化，往後不再被球隊和聯盟誤導、牽著鼻子走？正如前文所見，這些作為往往與球迷所看重的事項相互矛盾。

球員兼裁判的運動產業複合體

談到這裡，我們已經觀察到在各項運動賽事的背後，大多有運動產業複合體在主導跟操作，而它們所感興趣的焦點，與大部分的球迷都大相徑庭。可以肯定的是，財團所考量的絕不會是滿足球迷的利益。對此，我們必須好好思考，到底應該如何應對？

我不時地向廣大球迷指出，運動產業複合體所做出的許多決策都有問題。但不少球迷會將問題合理化，又或者出現逃避與抗拒的心態，正如政黨的支持者都會一面倒地支持己方。他們極力辯稱，犯錯的只是某支球隊、某球團的老闆或某個聯盟，所以這些錯誤的決策都只是個案。而這些對話我們都不陌生：「是的，當年巴爾的摩金鶯隊不該為了得到新體育場而在各地方政府間玩兩面手法。但我絕對支持的奧克蘭運動家隊搬到賭城，這絕對是必要的！」

就算球團明顯有錯，不少人還是會老套地回應我：「那又怎樣！」別的球隊故意輸球不應該，但我所支持的球隊這麼做是必要的。「七六人隊在五年前的比賽放水真可恥，但我支持底特律活塞隊保留戰力。」否認也是一種態度。如果跟自己沒什麼利害關係，球迷就會隨口說說：「輸球不是因為對手的實力比較強，而是今天球運不好！」如果對自己有好處，球迷就會為球團辯駁：「勇士隊將主場搬遷到柯布郡不是因為舊城區的治安問題嚴重，也不是為了蓋商場，只是要搬到球迷比較多的地方。」

這些回應方式都是自欺欺人。運動產業複合體的卑劣手段會得逞，都是因為它們把場外的交易變為場內的必要措施，說這一切都是為了讓球隊贏球。如此一來，誰又能說它們錯了？而球迷們只是各為其主而已。

在理想的世界裡，球迷們會團結起來對抗運動產業複合體，透過眾人的力量讓體制更健全、對球迷更友善。但我沒有那麼天真，起碼過去沒發生過這樣的事。有個例子常被引用，但終究沒有觸及問題的核心。

二〇二一年，有十二支歐洲的足球豪門俱樂部打算脫離「歐洲足球聯賽」，並組建另一個聯盟「歐洲超級聯賽」。但令人驚訝的是，這項計畫在四十八小時內就完全中止了。當時，憤怒的球迷們走上街頭示威抗議，表達內心的不滿；而人山人海的畫面更是震撼四方。但是，如果當時沒有出現其他的阻礙，歐洲超級聯賽還是會實現。

實際上，此計畫會煙消雲散，真正原因在於國際足球總會對這十二支俱樂部施加壓力。而英格蘭、德國、義大利、法國與西班牙的國內聯賽系統也不樂見這樣的發展。此外，被歐超聯排除在外的球團更是強力表達不滿。相關組織都在警告這些豪門，出走對它們沒有好處。

這個例子表明，要阻止運動產業複合體的惡劣行徑，就得引發其內部衝突。沒有任何證據顯示，球迷有能力直接挑戰運動產業複合體，正如歐洲足球迷的抗議其實威脅不了十二豪門。運動產業複合體就是球員兼裁判。

然而，雖然球團與聯盟期望你不加思索地效忠與支持它們，但你有自由意志、是可以反抗的。正如我在前言所提到的，想要解決運動產業複合體的問題，最可靠的辦法就是放下一切，不再觀看或關注球賽，或至少不再支持某支球隊或某個聯盟。你也可以徹底討厭某項運動。不在乎它們，就不會看了心煩。當然，大部分的球迷都跟我一樣，既無法徹底忽視運動產業界的諸多問題，但又對球賽有熱情。那我們該如何找到平衡點呢？

第二部

二十一世紀的新球迷

第8章

放下不離不棄的執念

接下來我所提出的建議，應該會讓球迷非常震驚，簡單說就是「有福同享、有難不同當」。只要球隊惹惱了你、球團做了你不贊同的行為，你大可不必再為它加油。假如它輸了太多場次，你也可以當個戰績迷，轉去支持另一支常勝軍。不管基於任何理由，甚至只是心情不好，你都可以改變想支持的球隊，反正這些都是你的自由。

這些提議應該違逆了每位球迷終其一生所接觸到的觀念。根據前人的說法，球迷的核心精神在於忠誠，其定義是：「不論球隊處在順境或逆境，我們都必須不離不棄，捍衛你所效忠的隊伍。」在生活的各個領域中，這是值得敬佩的做人原則，但它適用於觀賞球賽嗎？一支職業球隊值得你付出如此的忠誠嗎？法律是否有明文規定，你在孩提時代成為某隊的球迷，或在出生後就被家人灌輸要效忠它，就必須永遠不變？當然沒有。

「對球隊一輩子不離不棄」根本沒有道理。你敢說從小到大對食物的口味都沒改變嗎？你還去同一個社團、支持同一個政黨嗎？你還在聽十二歲時喜歡的流行歌嗎？當然不是。長大成人後，隨著生活範圍的拓展，我們對各種事物的品味和觀點都會有所變化。同樣地，我們對於運動的喜好也會轉變。因此，你當然可以隨心所欲地去支持別隊。

我相信，這樣的心態才合情合理。我自己也多次改變了支持的球隊。

我不是亞特蘭大人，卻變成了勇士隊的球迷

我是在一個人數不多、結構單純的家庭中長大。從小我家人就對運動賽事不感興趣。我的父母親在底特律出生和長大，他們當然知道老虎隊（棒球）、雄獅隊（美式足球）、紅翼隊（冰上曲棍球）和活塞隊（籃球），也能說出幾位明星球員的名字，但他們不是球迷，不會去現場看球，也不怎麼關注球隊的現況與未來發展。而我出生在底特律郊區的弗林特（Flint），在那裡度過了生命中的前十一年。當我開始發自內心地對球賽感興趣時，自幼耳濡目染而來的底特律球迷精神就深植在我心中。

父母發現我對運動賽事感興趣後，就常帶我去看老虎隊的比賽，偶爾也會去看美式足球。在他們的資助下，我收藏了許多棒球的球員卡與紀念品，還讓我發展跟運動有關的興趣。但大體來說，我在童年時期會成為死忠球迷，都是由我自己決定的，是透過在電視上看到或在收音機上聽到的訊息而做出的選擇。也就是說，我沒有像許多人那樣，被大人灌輸要效忠某個球隊。從來沒有哥哥、姊姊、父母、祖父母或叔叔伯伯告訴我說，底特律老虎隊比其他球隊更厲害，或是我們有義務要支持底特律雄獅隊。我喜歡看到這些球隊贏球，它們表現不佳時我也會感到沮喪，但我從不覺得必須為此展現絕對的忠誠。

一九八五年初，我跟著家人從弗林特搬到了西維吉尼亞。全美各地的電視頻道都會播送NFL的賽事，因此我仍可以繼續關注雄獅隊的戰績和表現。除此之外，底特律活塞隊在一九八〇年代中期晉升為NBA的精英隊伍，所以我也持續對籃球的熱愛，但對老虎隊就另當別論了。

在那個年代，全國性的頻道每週就只轉播一場MLB的比賽，儘管老虎隊在一九八四年贏得世界大賽，但在我所居住的地區，電視台很少轉播老虎隊的賽事。在那個網路尚未普及的年代，你無法透過某個聯盟的串流平台觀看賽事、為你所喜愛的球隊加油。你也無法用手機APP觀看由傳奇球星喬治．凱爾（George Kell）和艾爾．卡林（Al Kaline）所講評的職棒賽事。底特律WJR電台的訊號雖然強大，但仍不足以將播報員厄尼．哈威爾（Ernie Harwell）的聲音清晰地傳到我那位於山區的家中。我在搬家前最喜歡從收音機去聽老虎隊的賽事直播，但搬家後就聽不到了。棒球曾是我最喜愛的運動賽事，我每天都需要它。如今我必須找到另一種寄託。

多虧了WTBS超級電視台，我才有新管道可以觀看棒球賽事，只不過主角換成了亞特蘭大勇士隊。WTBS的老闆泰德．特納入主勇士隊後，用它來建立聲譽和吸金。

此外，他還經營戶外廣告看板，製作情景喜劇、職業摔角比賽和有線電視新聞，因此賺了很多錢。多虧了他，即使是居住在西維吉尼亞、俄克拉荷馬州或俄勒岡州的孩子們，每天也都能看到ＭＬＢ的比賽。在那幾年裡，我仍然會告訴別人，說我最喜歡底特律老虎隊了，但其實我每年觀看一百四十多場勇士隊的賽事，不知不覺中，我就成了勇士隊的球迷。不過，它在賽場上的表現並不出色，可說是八〇年代中期最差勁的球隊；個別球員的表現比老虎隊差，也沒有特殊的美德或優點（這也不值得拿來說嘴）。然而，我會變成勇士隊的球迷，簡單地說，只是因為常常收看它的賽事。

我跟家人們搬離密西根後，每年還是會返回老家探親，但我不再支持老虎隊了，所以堂兄弟姊妹、朋友以及老同學們都會怪我。事實上，我支持勇士隊的理由就跟以前支持老虎隊一樣：常常觀看或收聽它的賽事轉播、關注它的戰績。在西維吉尼亞，我能看到勇士隊的比賽，是因為有線電視頻道有播。而我以前會看老虎隊的比賽，就只是因為出生在密西根。因此，我為什麼會觀看某球隊的賽事、成為它的球迷？硬要找出理由的話，其實前者還更加合理。

我改變了我所支持的球隊，是因為我搬家了。許多人去波士頓念大學後，就變成紅襪隊的死忠球迷。這些人是最好的例證，說明轉換居住地就是改變忠誠度的常見原因。不過，我也曾因為其他不合理的原因而改變我所支持的球隊。

在童年時代，我和周圍的人都支持密西根狼獾隊（美式足球和籃球隊都用這個隊名）。但我家沒有人念過密西根大學，我們只是碰巧住在那裡，而我也剛好喜歡這些運動。像我這樣的人，自然而然地就會支持密西根狼獾隊。搬到西維吉尼亞後，我仍然可以「隔空」支持底特律雄獅隊、活塞隊和狼獾隊，因為電視上都有轉播它們的賽事。我沒有什麼特殊的理由要改變對他們的死忠支持。

在一九九〇年秋季，我希望能進入密西根大學就讀，但校方沒有接受我的申請。我的中學成績和大學入學測驗分數都不太好，所以審查委員的決定並沒有錯。但我錄取了俄亥俄州立大學。入學後，我就改變了自己所支持的球隊。理論上，我應該如此為自己辯護：「我不再支持狼獾隊。因為我在俄亥俄州立大學過得很快樂。度過美好的一學期後，我深受該校的精神所感染。」這當然是胡扯。我搬進宿舍前就放棄狼獾隊了，這純粹是出於報復心態，誰叫密西根大學拒絕了我。但我從未後悔過這項決定。

時至今日，我女兒居然成功錄取了密西根大學。於是我想知道，自己對它的怨恨是否會繼續下去（已超過三十年了）。

贏球的快樂是短暫的

有些人這輩子從未離開老家，甚至從中學到大學都是念在地的名校。但他們不見得要支持自己校隊。不管基於任何原因，他們都可以去支持外地的球隊。你甚至可以當個戰績迷，每年都只會支持強隊。

這種觀點一定會引起眾多球迷的反對。畢竟，經歷失敗後所獲得的戰果才甜美。在球隊處於低谷時放棄它，你就沒有機會看它在日後舉起冠軍獎盃，享受那狂喜、一生難得的體驗，也沒機會跟其他球迷一起回憶一路走來的點滴。球迷們總是陪伴球隊走過高低起伏、經歷黑暗的深淵，最後見證它重返榮耀！共享傳承、歷史、痛苦和悲傷，最終共同歡呼！這就是身為球迷的感動。但我認為，這些感受都被過分誇大了。

從勝利中獲得的快樂是短暫的，甚至只是一種幻覺。心理學家說，這叫「持續性偏誤」（durability bias），也就是以為某事所帶來的情緒會不斷持續下去。快樂很少能持久，哪怕是碰到升官或結婚這樣的人生大事，更不用說你所支持的球隊拿下總冠軍。

就拿知名體育作家比爾・西蒙斯（Bill Simmons）為例。大家都知道，他長年抱怨自己是心酸的波士頓球迷。二〇〇四年，紅襪隊在歷經了八十六年的失敗後，終於再次贏得世界大賽冠軍。西蒙斯為此寫下著作《今生我已心滿意足》（*Now I Can Die in Peace*）來記錄這段經歷。就在同一時期，NFL新英格蘭愛國者隊也開啟了日後二十年的霸權。西蒙斯寫了一篇文章，至今仍時常被人引用，即〈真球迷的規則〉（Rules for Being a True Fan），其中包括「五年條款」：

你所支持的球隊在贏得冠軍後，立即獲得了為期五年的豁免期。在這段期間，你不能抱怨球隊的任何決策與作為，包括球員交易、選秀、削減薪上限和換教練。就算愛國者隊在接下來的五年戰績是零勝八十敗，我也不會對它有任何意見。這就是球迷應該遵守的規則。只要你支持的球隊贏得超級盃，在接下來的五年你就必須無條件支持它。這段期間若球隊有任何好表現，都只是給你的額外獎賞。

不過，只要你稍微了解西蒙斯的言論與作為，就知道他的球迷魂沒有得到任何平靜和撫慰，哪怕紅襪隊自二〇〇四年拿下世界大賽後，又贏得了四次MLB總冠軍。不管波士頓的球隊贏得多少冠軍，西蒙斯都沒有遵守五年條款，仍在抱怨和挑剔愛國者隊和塞爾提克隊的問題。不管球隊是連敗或小輸，他依然會感到很痛苦。這些球隊贏球為他帶來的快樂，比起十八年前更為短暫。他當然不是欺騙世人的偽君子，只是他以為球隊奪冠的滿足感會持續很久。但這種觀念完全錯了。奪冠的當下，每個球迷都會亢奮不已，只是來得快去得也快。

對於波士頓的球迷們來說，至少在過去幾十年來，各大職業球隊的勝場都遠遠超過敗場。他們應該會覺得，就算球隊近期表現不佳，也不該放棄它們，否則就太不講義氣了。不過，如果支持某球隊是受家人影響，而它多年來一直表現得很糟糕，你會作何感想？它展現不出一點競爭力，長達十年、甚至二十年都排名在末段班，那你還挺得下去嗎？

不該死忠支持萬年爛隊

假設你出生於一九八七年，從小就居住在明尼亞波利斯市，自孩提時代就迷戀籃球，也支持明尼蘇達灰狼隊。灰狼隊成軍於一九八九年，當年就開始參加NBA的賽事，而那時你還是個小小孩。當你十歲時，灰狼隊的年輕球星凱文．賈奈特（Kevin Garnett）是陣中主力，帶領全隊第一次闖進季後賽。在接下來的六年，灰狼隊都有打入季後賽，雖然有五次在第一輪就遭到淘汰，但已經是灰狼隊的強盛期。不過自從二〇〇四年賽季開始，當時十七歲的你看到灰狼隊開始陷入低谷，在那之後長達十七年，它只有打進一次季後賽，根本連邊都沾不上，在分區聯盟老是排名墊底。在這段低潮期間，灰狼隊曾以分區最低順位擠進季後賽，但於第一輪止步。

在二〇二一年二月底的一場賽事中，灰狼隊敗給了鳳凰城太陽隊，因而寫下了一項極為難堪的紀錄：從勝率來算，灰狼隊成為了美國職業運動史上最爛的球隊；不僅僅在NBA，而是在全美所有的職業運動項目中。灰狼隊在成軍後的三十二個賽季中，勝率為〇．三九三〇七，打破了NFL坦帕灣海盜隊的紀錄，後者在成軍後的四十六個賽季中，勝率是〇．三九三二一。對你這位三十五歲的灰狼隊球迷來說，人生絕大部分的時間都在見證這支球隊有多爛，甚至達成不名譽的紀錄。一支球隊若長時間都表現得這麼糟糕，是否還值得你付出無條件的忠誠？它也許會在未來的某個時間點奪得冠軍，比如說二〇三〇年，但你有辦法忍受數十年的痛苦煎熬嗎？如果到頭來又是一場空呢？

我認為這不值得。事實上，我認為球迷無條件的不離不棄，反而會助長球隊的消極心態。灰狼隊管理階層就是這樣堂而皇之地擺爛。如果它是在故意輸球，球迷的忠誠反而是在助紂為孽。事實上，許多球迷繼續在購買灰狼隊的主場門票和商品，或在電視前準時觀看，所以球團才有恃無恐。從數字來看就很清楚。

億萬富翁格倫・泰勒（Glen A. Taylor）於一九九四年收購灰狼隊，他花了大約九千萬美元。到了二〇二一年，他準備以十五億美元出售球隊的大部分股權（編按：但泰勒於二〇二四年三月反悔，最終交易破局）。灰狼隊的價值漲了十倍，這都要歸功於眾多球迷的不離不棄；如果他們在十年前轉去支持密爾瓦基公鹿隊或印第安納溜馬隊，就能看到更多精彩的比賽。

你所支持的球隊難免會遇到一兩個失敗的賽季，當然這時不必急著去投入新球隊。不過在某個時間點，經年累月的失敗會令人無法忍受，正如明尼蘇達灰狼隊、匹茲堡海盜隊、底特律雄獅隊或水牛城軍刀隊的慘況。這時你就有轉隊的好理由。觀看比賽是有趣的休閒活動，但無止盡的輸球卻讓人不忍卒睹。而死忠球迷所承受的痛苦是拿不到獎盃的。

財大氣粗的球團老闆

球迷應該轉球的好理由之二，就是球團老闆和管理階層令人厭惡。不過這種評價因人而異。很多人認為，當今社會貧富差距這麼大、有那麼多億萬富翁，都是政府施政的錯誤。我也想補充一點，這是另一個「鍍金時代」（Gilded Age，譯按：南北戰爭後經濟飛漲的暴富年代），有錢又有權的企業家買下球隊後，產生了各式各樣的負面影響。有些球隊因此負面消息纏身。

有些老闆擅長詐取納稅人和政府的錢財，甚至肆無忌憚地將個人利益擺在球隊的勝利之上。絕大多數的球團老闆作風都很謹慎，但有些球隊的高層卻很浮誇。芝加哥小熊隊的里克茨（Rickett）家族、奧蘭多魔術隊的德沃斯（DeVos）家族以及亞利桑那響尾蛇隊的肯德里克（Ken Kendrick），都與川普政府關係密切，更是某些惡質政治活動的贊助者和參與者。NFL華盛頓指揮官隊的前老闆丹尼爾．斯奈德（Daniel Snyder）花了多年的時間、竭盡所能地保留這個帶有種族主義的隊名。此外，他所管理的球隊辦公室還爆出性別歧視和性騷擾等情事，甚至有主管鼓勵這些行為。

紐約尼克隊的老闆詹姆斯．多蘭（James Dolan）遭到「美國勞工關係委員會」（National Labor Relations Board）指控，他威脅要扣留員工的工資，要對方不得加入工會。辛辛那提紅人隊的前老闆舒特（Marge Schott）與洛杉磯快艇隊的前老闆斯特林（Donald Sterling）都發表過惡劣的種族主義言論，因而被迫售出球隊。舒特的行徑更加荒誕，他曾大力讚揚獨裁者希特勒。

這裡的篇幅有限，否則我還能舉出更多例子。球團老闆有一堆罄竹難書的惡行，為道德和法律所不見容。

這項建議也許太過極端：球隊老闆或高層的作風讓人感到不悅，球迷就應該要馬上出走。這些人都是億萬富翁，行事風格難免浮誇，對他們標準太高的話，我們就沒有球隊可以支持了。不過，有些球迷還真能用高標準來判斷要不要支持某球隊。但是，要追蹤每位球團老闆和高層的言行是否符合道德規範，根本是難上加難。身為體育記者，我當然知道哪些體育界的人士有法律問題、說了哪些不適切的言論或是道德立場有問題。但大多數的球迷們都不需要完整知道這一切。若你想要當個熱情忠誠的好球迷，最好要放寬一點道德觀。

不過，若球團老闆或高層主管的惡形惡狀真的是眾所周知，那球迷就不應該再裝聾作啞。這時，我們可以合情合理地表達不滿、離開原本所支持的球隊，轉去支持異議較少的億萬富翁和他的球隊。這是你的自由，每個人都有權利根據自身的價值觀和信念做選擇。

陪孩子一起成為道奇隊的球迷

想要改變你支持的球隊，還有一個好理由：你高興就好。不管是出於直覺或情感，轉隊都是合理的選擇。

身為棒球記者，我大部分的工作都跟球場有關，但我從來沒有強迫孩子們要看球賽。恰恰相反。雖然我會帶他們去看小聯盟的比賽，家人也會一起看球賽轉播，但這都是休閒活動，孩子們也沒有因此產生興趣。兒子和女兒分別長到七歲和八歲時，有短暫地對棒球產生熱情。不過他們喜歡的是洛杉磯道奇隊。這有點令人困惑，畢竟我是勇士隊的球迷，更不曾向他們大力推薦道奇隊。住在美國中西區的他們，也不曾熬夜觀看西岸的棒球比賽。

他們會支持道奇隊，只是因為一些偶然又不痛不癢的原因。

二〇一二年，我們一家人前往加州度假。而家人們都覺得那裡是天堂，也認為好萊塢的重鎮洛杉磯很迷人。因此，他們想要支持一支棒球隊的話，那麼選擇加州的球隊應該是很合理的。

洛杉磯道奇隊是媒體的焦點，當時它的外野手普伊格（Yasiel Puig）的表現很傑出，場內場外也有許多爭議（開車超速、對球迷比不雅手勢等），所以成為了我廣播節目的話題。孩子們聽到了這些內容後，對普伊格非常感興趣。

我向他們解釋說，他以前是古巴球員，叛逃到美國來打棒球；他的言行很激進，所以惹惱了守舊派與保守團體。我兒子受這兩個特點所深深吸引。又有一天，我在看道奇隊的比賽，女兒問我是誰在投球，我回答說是柯蕭（Clayton Kershaw）。後來我越講越起勁，說柯蕭是當時MLB最厲害的投手。女兒對「最厲害」這個概念非常感興趣，所以就喜歡上柯蕭了。

孩子們喜愛道奇隊、喜歡看球賽，但從來沒有過於狂熱。有一年我去亞利桑那報導道奇隊的春訓，兩個孩子都要我買道奇隊的衣服和商品。兒子還在他的臥室牆上掛了球隊的三角旗。道奇隊前往辛辛那提與紅人隊比賽時，孩子們也想去現場觀賽，於是我們就成行了。幾年前，我帶他們回加州，也去道奇隊的主場觀看賽事，但那時他們對棒球的興趣正在淡去。他們在這次旅行中買了新的道奇隊商品，但主要是為了跟上體壇的話題，並向朋友們炫耀自己遠赴加州度假。但我猜想，除了柯蕭，他們倆應該說不出道奇隊任何一位球員的名字了。

我們現在偶爾還會一起去球場看比賽，但他們倆沒有在關注任何一支球隊的發展了；職棒賽事已不再是他們生活中的一部分。

當年，他們短暫地成為道奇隊的球迷。有趣的是，在我送他們相關的球衣和商品時，我也買了一些來穿，這樣一家人去去辛辛那提或洛杉磯看球時，就能融入現場的氣氛。有時在家裡看電視轉播，我們也會穿戴球衣球帽來炒熱氣氛。

在我與孩子們享受天倫之樂的這段期間，勇士隊的競爭力不斷下滑，而道奇隊的戰績不斷攀升。因此除了工作，我還有更多理由去看道奇隊的比賽。孩子們對棒球的興趣減退後，就變成有自己獨立想法的青少年，所以那段短暫時光的回憶就更珍貴了。孩子們與我談論我所熱愛的棒球，這份親子間的美好回憶與道奇隊的賽事緊密相連。

變成某球隊的球迷，大多是出於隨機的緣分，或是碰巧有那樣的心情。在許多情況下，這是由居住地所決定的。我出生在密西根州，便成為老虎隊的球迷，這純粹是偶然的因素。媒體曝光度也很重要。我之所以成為勇士隊的球迷，只是因為電視頻道有轉播他們的賽事。

電視台兼勇士隊的老闆透納以前是經營廣告看板的業務，他相信，只要不斷用低成本重播簡單的節目，如情境喜劇《我愛露西》和棒球比賽，便能將無線數位電視台打造成強大的媒體平台。

有些人會成為球迷是出於情感上的連結，但與那支球隊本身並沒有什麼關係，而是與一些人生回憶有關。就像我和孩子們一起看道奇隊比賽的日子。有了這份情感上的連結，我才會承認自己喜歡道奇隊多於勇士隊，如今我依然非常支持這支洛杉磯的球隊。

近年來，道奇隊帶給我很多的歡樂，而勇士隊卻經常讓我反感。我討厭那支球隊的文化，尤其是球團還堅持使用斧頭樣的隊徽，保留大眾對原住民的刻板印象。此外，它總是想方設法要騙走納稅人的錢、並排擠亞特蘭大市區的黑人球迷。的確，當它在二〇二一年贏得世界大賽時，我是有點開心的。但我更愛八〇年代的勇士隊，哪怕它當時輸掉了很多比賽。總之，我現在找不到理由要繼續支持它，畢竟球團又不為我這樣的球迷著想。

第9章

回到以「球員」為本的球迷文化

對許多球迷來說，不再支持自己這輩子忠心愛戴的球隊，是無法跨出去的坎。那不如試試看，先跨出一小步：支持球員，而不是球隊。

以我自己為例，如今我可以輕鬆地告訴朋友，自己不再是勇士隊的球迷。從小到大，我都自詡為勇士隊的球迷，雖然現在不是它的鐵粉，但我還是很喜歡它的明星右外野手小阿庫尼亞（Ronald Acuña Jr.），以及曾獲得聯盟MVP的一壘手弗雷迪・弗里曼（Freddie Freeman）。就算我不再是勇士隊的球迷，還是會繼續觀看它的比賽。

我可以繼續期待勇士隊的球員擊出超大號的全壘打，以及野手的防守美技。這是我看球的自由，沒有人能夠阻止我。超多人在一九九〇年代突然變成芝加哥公牛隊的球迷，不就是出於這樣的動機嗎？公牛隊就是以喬丹和皮朋為核心，等到這兩位球員的時代結束了，許多人便轉去支持其他球隊了。儘管大家都說，有好成績時才支持，這種人是不折不扣的「戰績迷」，但也無法說這種態度完全不對。

最重要的是，我從經驗中得知，支持球員勝於球隊，這種態度並非毫無道理。事實上，看球賽時把焦點放在球員身上，我反而能得到更多樂趣。

我的人生與「瘋狗」的連結

八〇年代我還是勇士隊的球迷，當時芝加哥小熊隊的年輕投手「瘋狗」麥達克斯（Greg Maddux）剛升上大聯盟。他一開始就投得很好，也引起了我的注意。但我是勇士隊的球迷，所以沒有認真關注他的表現。麥達克斯透過自由球員市場加入勇士隊後，他每一場出賽我都會看。

他後來成為全美最出色的投手，也是我最喜愛的球員。我研究了他所有的數據，真是令人讚嘆！我連睡覺都會夢到他優雅地投出二縫線快速球。他是勇士隊的王牌投手，每次有他先發的比賽，我一定不會錯過。這就是麥達克斯對我的重要性。

麥達克斯與亞特蘭大勇士隊簽約時，我是十九歲的大學生。快轉到二〇〇六年，我已經是三十三歲、有兩個孩子的已婚律師了。麥達克斯在兩年前離開了勇士隊，回到了老東家芝加哥小熊隊。在客觀上來說我還不算是老人，但感覺心態已經變老了。每個人都有所謂的「生涯巔峰」，但當時我覺得自己被這世界擊敗了，人生早已走下坡。工作和生活的壓力讓我感到筋疲力盡。與孩子們相處是我最快樂的時光，而看棒球是我用來逃離現實的避風港。

那年八月的某一天，律師事務所送給我ＭＬＢ的門票，讓我們去辛辛那提看道奇隊對戰紅人隊的比賽。當時麥達克斯已經過了投球生涯的巔峰期，剛從小熊隊被交易到道奇隊。那天晚上他在洛杉磯的主場擔綱先發投手。他的角色有點像是傭兵，而球團希望他還保有他在一九九〇年代巔峰時期的肌肉記憶，並幫助球隊提升戰績。

看到麥達克斯當晚要上場先發，我感到很興奮，但也很擔心他的狀況。和我一樣，麥達克斯的巔峰期已經過去了，在許多方面也已筋疲力盡了。不知他是否也像我一樣好奇，想知道在光輝歲月時的那些能量跑哪裡去了，又是否曾再次感受到自己生機勃勃。看著四十歲的麥達克斯上場時，我心裡相當煎熬，他的現況彷彿是在映照我自己的衰老。

比賽開始了。麥達克斯沒幾下就投出了四壞球保送。精準的控球能力是他的招牌，那次保送讓我擔心這將會是個漫長的夜晚。不過他很快就恢復穩定，開始投出子彈般的犀利好球。一局過去了……兩局、三局……等等！已經打完五局了，對手紅人隊還沒有得到任何一分。不止如此，他們甚至連一支安打都還沒打出來——

麥達克斯正在邁向一場無安打比賽！

第六局開始了。紅人隊打者擊出了一個高飛球，然後……被接殺了！又一個高飛球……但也被接殺了！這局的第三位打者登場，麥達克斯也順利讓他出局。站在投手丘上的，彷彿是一九九五年的麥達克斯。事實上，他那天的表現比在一九九五年時還要好，因為他在巔峰時期還未投出過無安打比賽。他的控球實在太精準了，球大多能投到好球帶裡去，擊球員總會碰得到球，也難免會敲出安打。他對此似乎感到有點困擾。

這是他職業生涯的第二十一個賽季，今晚他站在投手丘上，觀眾席上大概只坐滿四分之。這是個令人昏昏欲睡的悶熱星期四晚上，幾乎沒有人為他加油打氣，但對手卻沒辦法從他手中敲出安打。在第六局結束、他走下投手丘時，我獨自一人在看台上為他高聲歡呼。

悶熱的夜晚很快就變成了暴風雨之夜。第七局上半開始時，球場下起了傾盆大雨，閃電雷聲交雜不斷。道奇隊進攻的半局結束時，主審宣布暫時中止比賽，請工作人員展開遮雨布去覆蓋紅土區。接下來的四十分鐘，我們退到觀眾席後方躲雨。我知道麥達克斯不可能再出場投第七局下半。他已經四十歲了。在這漫長的暫停時間，他的手臂會變得僵硬。反正他篤定能獲選進入名人堂，不需要用無安打比賽來證明自己在球場上的傳奇一生，或滿足自己的成就感。

道奇隊是為了季後賽而簽下他，所以得保護他的手臂。現在沒有人會逼他上場，而這麼做也沒有好處。

比賽恢復進行後，二十九歲的中繼投手貝米爾（Joe Beimel）接替麥達克斯站上投手丘，但面對第一名打者就被擊出安打，中斷了無安打比賽的機會。道奇隊一路領先對手，最終以三比零獲勝，麥達克斯也順利拿下勝投。我有幸再看到他像巔峰時期一樣地投球，也有幸看到他是帶著往日的風采走下投手丘。

麥達克斯加入勇士隊時，我已經是成年人了，不再對棒球死忠狂熱、並把球員當成英雄。在他為勇士隊效力的十一年裡，我只是把他當成表現優異的球員。但在二〇〇六年八月三號，麥達克斯在我眼中無疑就是英雄。這並不是因為我以前支持過勇士隊，也不是因為我是盲目的腦粉，只想要找個偶像來崇拜。相反地，我熟知他在球場上的一切經歷，所以那時才能感受到他的偉大。

球員所帶來的感動

年華逝去、過了巔峰時期的感覺我非常清楚。我也記得以前有很多興趣和目標，但現在都缺乏動力去做。但在那個晚上，麥達克斯提醒了我，即使自己不再處於最佳狀態，仍然可以盡力而為。只要盡最大的努力、再加上天時地利人和，哪怕你的巔峰時期已經過去，還能克服困境、獲得勝利。他提醒了我，當所有人都對你不抱持期望，而你還能取得勝利，這種成果會令人更加心滿意足。

寫下這些文字時，那場比賽已經是十五年前的事了。我如今坐在電腦前面，不再覺得自己的巔峰期已然消逝。不知怎麼的，從二〇〇六年八月三號開始，我不再抱著那樣的負面心態。麥達克斯教會了我從其他角度來看待自己。在那個晚上，比起任何一支球隊，這位球員給我帶來了更大的啟發以及更加深遠的人生意義。

在那場比賽後，有段時間我常在思考，身為道奇隊的球迷又熱愛麥達克斯，那我該如何看待自己與亞特蘭大勇士隊的關係。我應該為了勇士隊在幾年前拋棄麥達克斯而生氣嗎？當我看到亞特蘭大勇士隊被它的對手和前任王牌投手壓制，我應該感到內疚嗎？

思考了一陣子後，我問自己：「為什麼要死忠支持一支球隊，而不是去挺和我一樣有血有肉的球員？」前者是被運動產業複合體操控的工具，後者則是我的人類同胞。依此類推，我立即得出結論：

支持某球員不該是因為他隸屬於某支球隊。否則，要是這球隊被踢爆有惡劣的行徑，那我就不知道該不該繼續為此球員加油。反過來說，如果某位球員品性低劣，那我也沒必要祝福他所效力的球隊戰績長紅。

確實，有些球員確實品性低劣、言行惡毒，但許多球迷卻因為支持他們所屬的球隊，於是對這些惡形惡狀視而不見。這種心態當然是本末倒置

觀看賽事是一種享受，不需要遵守任何道德義務。球迷沒有必要終身對某位球員或某支球隊堅定不移地支持。只要你願意，隨時都能改變你支持的對象。哪怕你平常是休士頓火箭隊的球迷，也可以在季後賽的開打前夕才迷上雷納德（Kawhi Leonard），並在接下來的六個星期成為快艇隊的球迷。不管某球員是屬於你所支持隊伍，或轉到了你最討厭的球隊，你都不需要感到矛盾。

看球沒有任何規則，只要你高興，就能成為任何球員或球隊的粉絲。

第10章

佛系看球

二〇一七年十一月初，我和妻子想前往我們在哥倫布市住家附近的餐廳用餐。它的餐點很棒、生意很好，不過當時是星期六晚上六點半，我們是臨時起意，所以沒有提前向餐廳訂位。客滿的時候，通常我們會改變計畫，但那天晚上我們真的很想在那間餐廳用餐，所以決定去試試看，運氣好的話，也許可以在吧台區找到兩個座位。不得不候位的話，好吧，那我們就等。

我們在七點左右到達餐廳時，裡面只坐了一半的客人，還有很多可供選擇的座位。我們感到很困惑，便詢問前台的服務生，為什麼廳餐不像往常那樣擠滿了人。

「七葉樹隊正在輸球，」服務生回答道：「每當這種情況發生時，餐廳的訂位都會被取消。你看看，這場美式足球賽的輸贏一面倒了。」

我抬頭看了酒吧上方的電視，確實如此，曾在全國排名第三的俄亥俄州立大學校隊，正在賽事的第四節中段，以十七比四十八落後給實力普通的愛荷華隊鷹眼。七葉樹隊如果輸了這場，就無法進入四強並爭奪全國冠軍。聽到服務生的答覆，我才意識那晚有七葉樹隊的比賽。不過，認識我好幾年的朋友，都會對我的反應感到很震驚。

為了美式足球而生的城市

我在一九九一年秋季成為俄亥俄州立大學的新鮮人。許多人都認為，你可以照自己的步調生活與讀書，要避開美式足球賽事也不難，但我並不是那種人，也不想置身事外。

我在踏進校門後立刻就成為狂熱的七葉樹隊球迷。我買了學生季票，與眾多志同道合的球迷們在體育場的停車場辦車尾派對（tailgate），然後進場看球。校隊前往外地比賽時，我們還會在這些派對上飲酒作樂。就讀俄亥俄州立大學的那四年，我一直如此狂熱。畢業後，我去其他學校攻讀三年的法學院，但仍然毫不間斷地支持七葉樹隊。我在一九九八年返回哥倫布時，更是全身心投入賽事，比之前還要狂熱。對於我母校的美式足球賽事和相關的文化，我整整投入了二十年。對於哥倫布的居民來說，這是生活的常態。事實上，住在這裡又不想當狂熱球迷，是有點難度的。

不光是在哥倫布，各地都有校隊和地方球隊的狂熱球迷。有些人會緊緊關注每個賽季和每場比賽，可說是生死相隨。有些人會買球衣，也有人會深入研究隊史和相關知識，宛如百科全書一樣。資深的球迷會了解各隊的恩怨情仇，還能滔滔不絕地講述對戰的細節、爭端與來龍去脈，比如觸身球所引發的球員大亂鬥或是對手的總教練罵髒話。

有些球迷喜歡收藏紀念T恤，用以回憶那些短暫而瘋狂的時刻。也許在十年前，某位球員的表現激盪人心，又或許你跟現場的其他球迷同仇敵愾，一起開心、一起難過。你熟悉球隊現役名單上的每位先發球員，還認識老是坐冷板凳的替補球員。你知道球隊經理對選秀會上哪幾位選手有興趣，也會猜想哪些新秀特別有潛力。

有些人會批評這些球迷太執著，嘲弄他們的瘋狂與不理性。的確，不管是熱衷於運動賽事或政治，這種過激的態度看來都不大健康。但其實我不明白這到底對身心有什麼影響，真的會讓人生病嗎？這問題我也不懂，還是留給心理學家去解釋吧！

我在哥倫布居住了將近三十年，生活中也見識了不少這類過激的言行。我常常與志同道合的人聚在一起抱團取暖。我們所支持的球隊在關鍵賽事中獲得勝利時，整個城市凝聚在一起，這種感覺讓人沉醉不已。七葉樹隊輸球時，男女老幼也是愁眉苦臉、心浮氣躁，就連放假也開心不起來。不誇張地說，整個城市和俄亥俄州都是為了美式足球七葉樹隊而生的，但有時我們真的會因輸球而失去生氣、一蹶不振。

二〇〇九年一月六日，情況更糟了。七葉樹隊在前一晚的菲斯塔盃（Fiesta Bowl）比賽中輸給了德州大學；長角牛隊實力堅強，所以輸掉那場賽事並不會令人太意外，但大家還是很難過。我自己也很沮喪。這是俄亥俄州立大學連續第三次在大專盃賽事中輸球。隔天早上有媒體報導說，七葉樹隊陣中有幾位明星球員不會待到畢業，將提前參加NFL的選秀會。想到這些情況，我的情緒非常低落，而且下一場正式的比賽要等好幾個月後才會舉行。

看球變成休閒活動

那天傍晚時分，我和三歲的兒子在玩耍，心思仍然專注在大學的美式足球賽事。突然間我意識到：對於七葉樹隊的痴迷真的很不健康，而我卻毫無自覺。它耗費了我太多的時間和情感能量，干擾了生活中其他更重要的活動。我沒有向自己或任何人發表宏偉的宣言，但我在那個當下做出決定，要稍微節制一點，在美式足球與其他生活面向之間找到平衡。

我還是會繼續當球迷，但我明確地告訴自己，對七葉樹隊的關注就限縮在看球賽的時間就好。這個範圍很明確，也就是那三小時的電視轉播期間。從此之後，我觀看球賽只是為了娛樂消遣，相關的媒體報導和周邊消息我就不再追蹤。比賽結束後，我也會努力將它們從腦海中抹去。從那時起，我決定當一個佛系看球的球迷。

在一月份要達到這目標比較容易，因為這時節沒有很多美式足球的新聞和花邊消息。然而，到了九月份的賽季熱潮時，就很難不受到影響，所以我決定從小處著手。我刪除了相關的網站書籤，不再追蹤與俄亥俄州立大學有關的消息，也不再閱讀當地報紙的美式足球專欄，雖然內容充滿熱情又有全方位的資訊。在哥倫布，各家媒體每天都會報導相關的消息；七葉樹隊的春訓開始時，其他運動的常規賽事就會馬上被冷落。

從那年四月開始，我強迫自己專注在棒球上，而我當時已經兼職在撰寫運動評論。那年夏季尾聲的美式足球訓練營開始時，正規賽季的開打也進入倒數階段，我堅決不再像以前那樣於每週三固定觀看和七葉樹隊相關的賽前報導。我頂多會去瀏覽一些賽季前的相關文章，只閱讀刊登在全國性媒體的綜合報導。我不再看地方新聞所刊載的詳盡報導，其內容充滿熱情，是由球隊內部人士所提供的第一手消息。在賽季開始後，我變成了近二十年來最不熱衷於大專美式足球賽事的球迷了。

這種感覺真的很棒。雖然我已不再是鐵粉，但還是會在每週六觀看它的比賽，因此對這支球隊還是很熟悉。我依然像哥倫布居民一樣，對俄亥俄州立大學的美式足球賽事如數家珍。我仍然沉浸在當球迷的快樂與體育文化中，與同事交談時有話題，可以輕鬆打破無話可說的尷尬場面。

我還是會觀看比賽，享受當中的樂趣，但沒有義務要去負責追蹤場內場外的一切事物。我節省了大量的時間，也不會再陷入執著的心態。以前我會不斷回想上一場比賽哪邊出了問題，對下一場比賽的輸贏感到焦慮。但我終於解脫了！

那年，七葉樹隊在第二場正規賽是就輸給了南加州大學，而且還是在主場。在比賽過程中，球員的表現都很糟糕。透過臉書回顧的功能，我們都能看到以前貼的文章；而到了每年秋天，我都會發現，原來以前自己對球隊有這麼多不滿。但在那天晚上睡覺前，我搖了搖頭、甩開思緒，讓自己放鬆下來，這是我以前從未做過的事情。我保持這樣的態度直到球季結束。

我曾經為母校的球隊熱情歡呼，尤其是在表現較佳的賽季；奪得全國冠軍時，我更是激動不已。但直到那一年，我更能用喜悅的心情去欣賞它在該賽季的表現。我甚至去俄亥俄體育場欣賞校際交流賽。我把看球當成是休閒活動，所以就更能享受其中的樂趣。

用未知的心態去看球

當個佛系看球的球迷，還有另一個好處。在熱情的球迷圈子中，總是會出現好為人師的認真魔人。改變看球的心態後，我有更加了解這些「守門人」的言行了。

在變成佛系球迷的一年後，我就故態復萌。二〇一〇年賽季開始前，我重新登入一個老牌的七葉樹隊球迷論壇。我以前常在上面閒逛，這次也發現七葉樹隊的球員及團隊有很大的變動。但論壇的公告不夠詳細，關於球隊的招募、春訓以及夏訓時的內部競爭都沒有談到。球隊即將迎接新賽季，我想多了解陣中的重要球員。為了補足相關訊息，我點擊進入了討論區。

在那裡，常常會有球迷提出非常基本的問題，兩年前的我絕對可以輕易地回答。但如今我也不知道正確答案。我不斷往下閱讀網友的答覆，但一些網友的敵意令我感到震驚。許多老球迷會羞辱提問者，並嘲笑他們的無知。

我清楚知道，在音樂、漫畫等各種粉絲圈裡面，有許多傲慢的「專家」。「喔，原來你喜歡人行道樂團（Pavement）啊？那你能說出三張它的專輯名稱嗎？」這種瞧不起人的口氣，瀰漫在各種論壇上。我從未想到球迷圈也有這種風氣。畢竟我在成為佛系球迷前也是萬事通，所以從未被攻擊和嘲弄。

如今，我也被這些守門人嗆了。我感到很羞愧，因為我突然意識到，就在一、兩年前，我也像那些守門員一樣對網友頤指氣使。如今，我不再那麼鉅細彌遺地關注球隊的大小事務，也意識到這種行為有多麼的惡毒。之後幾年，在開始從事媒體工作後，我對於球迷圈裡的霸凌和訕笑言行也更為敏感。就我最熱衷的棒球運動來看，我注意到這些守門員大多是男性，為了排除女性參與，所以把嘲笑當成武器。從那時起，我跟對賽事不熟悉的人交談時，就會留意自己的言行，不讓自己成為惡劣、高傲的球迷。遇到只是來放空、輕鬆看球的球迷時，我還是會分享我所熟稔的球員或球隊歷史，當作是在講述故事一般，與他分享這些精彩的時刻。

儘管球迷圈有許多討厭鬼，但我現在只為了享受休閒時光而去觀看七葉樹隊的比賽。幾年下來，我終於有機會以嶄新的角度去欣賞球隊與賽事，並體驗到前所未有的樂趣與滿足。

此外，若看到一名陌生球員上場，我賽前也沒有做功課，那就可以享受開盲盒的樂趣了！這是我以前從未有過的體驗。從前在比賽開打前，我會先在網路上觀看影片，看看這位球員在高中時期的表現，並會抱有一些期望；如果他這場打得很差，我就會感到很失落。變成佛系球迷後，我的心態轉變了，把球員名單當成是未見過的風景，不再覺得自己有義務要全面追蹤他們的動態。

我不再那麼強調主客場的對立與壁壘分明，也不再因比賽的內容而產生負面情緒。我開始欣賞這項運動的美感以及球員們的精彩表現。即使我所支持的球隊輸掉比賽、陷入低潮，我還是能在看球中找到樂趣。這些失敗和挫折不再磨耗我的精神，也不再影響到我的情緒或自尊心，身心也變得健康多了。

在這樣的練習下，我也卸下了美式足球狂粉的身分。

不為難自己，開心看球就好

只為了享受休閒時光而看球，就可以跟球賽保持距離，並保有一定的理性。對於超級熱衷、全心全意投入的球迷來說，客觀性是不需要的。變成佛系球迷後，當你聊起自己所支持的球隊時，就不會習慣性地用「我們」開頭，表現得好像你是球隊的一員。放下強烈的熱愛與支持後，你就不會再把自己的身分認同連結到球隊和比賽中。你也不會反射性地挺身而出，為球團抵禦外界的批評和攻擊；你不再是球團的禁衛軍。

我不再全心支持某一球隊，也不再花時間追蹤相關的大小事務。在二〇〇九年至二〇一〇年期間，我閱讀很多跟運動產業有關的文章，得知業餘運動員如何受到剝削，在NCAA這樣的全國性大學賽事中，有許多醜聞、弊病和腐敗的組織。我還看了相關的新聞專題報導。

如今，這些訊息對我來說有不同的意義。以前我就知道體育界有這些黑暗面，但那時我太愛俄亥俄州立大學的美式足球校隊了，所以大腦會自動刪掉那部分的資訊，並立刻為球隊辯護和找藉口。出於本能，當我聽到有人在批評我最熱愛的球隊，就會當成是在攻擊我本人。但如今，我把看球當成休閒，也當個理性客觀的球迷，公允對待各方對於大學賽事和我母校校隊的批評。理論上，我在很久以前就得知，大學的美式足球運動員受到各大組織的剝削，包括NCAA以及賺了數百萬美元的大學校方。但如今我更嚴肅地看待這些議題。

這些組織的收入都是由它們旗下運動員的無償勞動賺來的。這些大學生的身體不斷被壓榨，身心所受到的傷害不下於NFL的職業球員，但前者年輕又有韌性，所以這種負面的影響沒那麼顯著。

用客觀的角度看待這些負面事物，但無須拋棄你所熱愛的運動和球隊。我花了許多時間去批評MLB，但我對棒球的熱愛並沒有絲毫減弱。不過，當我改用休閒和客觀的角度去看大學運動賽事後，卻不知不覺地對它失去興趣了。

二〇一〇年的砂糖盃（Sugar Bowl）開打後，七葉樹隊對上阿肯色大學野豬隊。我以前極度熱愛這個賽事，但這場打完沒多久，我就意識到自己無法再長期繼續關注下去了。我太了解這背後所潛藏的負面情事。不過我並未堅決宣告放棄觀看。

二〇一一年九月三日全國大專盃開幕戰，七葉樹隊對上艾克朗大學校隊。我沒有打開電視觀看，這是我第一次放棄大學的美式足球賽事。從那以後，我就再也沒有觀看過任何一場。

我在本書中不斷強調，不管運動賽事中有哪些道德疑慮，你還是可以繼續支持你熱愛的球隊和運動。我放棄大學美式足球賽純屬個人決定，大家不必照做。但同樣顯而易見的是，法律也沒有規定球迷一定要對賽事極度狂熱。你不必成為熱衷癡迷的鐵粉，也不用全面了解你心愛球員的經歷和統計數據；你可以繼續支持球隊，但不用知道每個細節。

毫不間斷地追蹤這些資訊，你會耗費大量的時間和精力，當然付出越多、失望就越深。運動界有些鳥事會違背你的價值觀和其他興趣，甚至會讓你悶悶不樂。

每個球迷都可以像我一樣，把看球當成是休閒活動。事實上，當佛系球迷比當佛系影迷或樂迷還簡單。若你突然對民謠歌手鮑伯・迪倫感興趣，並隨意在串流平台上點開他在八〇年代發表的《救贖》（Saved）專輯，應該會感到一頭霧水。同樣地，你得看過漫威在這十幾年來推出的續集電影，才有辦法掌握每一齣的劇情鋪陳。

相較之下，就算你平時不看足球賽，在世界盃期間也能當個一日球迷，享受看球的樂趣。在四年舉辦一次的奧運會期間，我們才能突然變成冰壺或體操項目的「評論員」；即使你對這些項目的規則不精通，還是能從中得到樂趣。你不應該為難自己，如果某項運動不能為你帶來快樂，你也不必為了莫名的承諾和義務繼續觀賞。看球賽就是開心的活動，對吧？

第11章

支持運動員對社會議題發聲與表達立場

二〇一六年，NFL四九人隊的四分衛卡佩尼克（Colin Kaepernick）在賽事開打前的演奏國歌時段，突然下跪表示抗議。諷刺的是，我們在前文有提到，正是因為聯盟致力於在球場上硬塞入愛國主義，卡佩尼克才有機會博取版面。

事實上，他本來沒機會在那個時刻出現球場上。多年來，基於轉播的考量，國歌開始演奏時，球員們才會慢慢離開更衣室、進入球場。等到演奏結束、觀眾開始瘋狂歡呼的同時，球員們就正好跑進球場，成為引人注目的焦點。這樣的畫面最適合在電視上播放。電視台與聯盟都認為，有了這點小小的花絮，球迷們在正式開打前就不會轉台，這時就可以適時插入廣告了。

在九一一事件發生後的那幾年，各大運動聯盟都在想方設法要導入愛國主義（有時是接受軍方的業配，有時是跟政府利益交換），而球員出場的橋段就變了。聯盟決定，演奏國歌時，球員們必須戴著頭盔站在球場邊，就好像是前線士兵一樣。很少人注意到這種變化，也沒人發現，當年卡佩尼克在某場熱身賽演奏國歌時默默地坐在板凳席上。幾週後，他便開始在演奏國歌時下跪抗議。

NFL.com的記者威契（Steve Wyche）率先向卡佩尼克詢問這舉動的意義。這位舊金山四九人隊的四分衛解釋道：

> 我不會站得直挺挺的。因為這個國家壓迫黑人和有色人種，所以它的旗幟不值得尊敬。對我來說，這比美式足球還重要。如果我視而不見，那就是自私。街上有橫死的屍體，有人卻能放有薪假，逃避殺人的刑責。

卡佩尼克指的是警方殺害黑人和有色人種的事件。不久後，他的隊友埃里克・里德（Eric Reid）也加入了抗議行列。里德表示：「跪下，是因為這種姿勢代表對受害者的尊重。就像集會時用降半旗來表示哀悼。」那年十一月，美國「進步新聞網站」（*ThinkProgress*）的自由撰稿人吉布斯（Lindsay Gibbs）和阿伊沙・汗（Aysha Khan）撰文〈卡佩尼克效應：抗議國歌行動正在擴散〉（Tracking the Kaepernick Effect: The Anthem Protests Are Spreading）。他們指出，那時有十三支球隊、共四十九名美式足球球員在唱國歌時表態，透過跪下、坐下或舉起拳頭等舉動來表達抗議。另外有三支球隊的隊員們相互攜手或勾肩，以示團結。這種抗議行為不僅限於美式足球：

- 在WNBA的季後賽中，有三支球隊的十四名球員做出抗議舉動。
- 足球明星拉皮諾（Megan Rapinoe）在美國女子足球聯賽（NWSL）的比賽期間，以及代表國家隊出征時，都會在現場播放國歌時跪下。
- 奧運游泳金牌選手安東尼・厄爾文（Anthony Ervin）在巴西出賽時，主辦單位一播放美國國歌，他便高舉拳頭以示抗議。
- 八支NBA球隊也攜手進行類似的抗議舉動。連國歌演唱者本人也跪下了。
- 統計有五十二所高中、四十三所大學、一所中學和兩個青年運動賽事聯盟，在美國三十五個州以及三個海外國家的賽事中做出類似的抗議舉動。

社會大眾對於這些抗議舉動的看法非常分歧，很難輕描淡寫、一筆帶過。許多人確實讚揚這些球員的態度，卡佩尼克的球衣還變成暢銷商品。歐巴馬總統表示：「卡佩尼克所關心的問題很實際，是法治面的問題，值得拿出來探討一番。」另一方面，大規模的反彈聲浪也隨之而起，在NFL內部就有不同聲音。總裁古德爾（Roger Goodell）對美聯社表示：「我不大認同卡佩尼克的做法……我們聯盟全體上下都很愛國，都相信國家，包括我本人在內。」紐奧良聖徒隊的四分衛布里斯（Drew Brees）告訴ESPN：「卡佩尼克當然可以表達意見，畢竟這是非常重要的問題。但還有許多更平和的手段，也不該對國旗不敬。」

許多人認為，卡佩尼克的舉動對國旗、軍隊、警察和美國不敬，他有意見的話，應該提出更具體的抗議聲明。因此，他們非常不屑卡佩尼克的行為。接下來幾個月，連總統川普都痛罵他，反倒令他成為保守派的焦點以及候選人的攻擊對象。

球迷們則分裂成兩派。一些人聲稱，運動員應該守本分、好好練球，不要過於關注社會議題和抗議政府。保守派的文化界名人英格拉姆（Laura Ingraham）對雷霸龍．詹姆士說重話：「好好待在體育界……閉嘴，認真運球！」這兩句短語頓時成為保守派的口頭禪。顯然他們假定賽事與運動員不是社會整體的一部分。

二〇一六年的賽季結束後，舊金山四九人隊的戰績是淒慘的二勝十四敗，因此卡佩尼克不與老東家續約，想要加盟新球隊。然而球隊願意簽下他。他在NFL的最後一場比賽，是在二〇一七年一月一日對戰西雅圖海鷹隊，最後四九人隊以兩分差輸球。他和里德對NFL提起了訴訟，聲稱他們被列入了黑名單。接下來幾年，許多比他的球技差的四分衛都有球隊收留。可想而知，卡佩尼克無疑是被各球團與聯盟共同排擠。最終，NFL與他達成了一筆七位數的和解金。

聯盟的態度也開始鬆動

卡佩尼克的職業生涯結束了，但他仍然是社會運動的帶領者，也還是運動品牌耐吉的代言人。長期以來，耐吉的品牌形象與社會議題偶有連結，既是一種時尚，也有實質的支持意義。卡佩尼克引領風潮，許多運動員都仿效他的抗議行動，包括遍布全國的「黑命貴」（Black Lives Matter）運動。二〇二〇年，黑人民眾阿比利（Ahmaud Arbery）、布蕾安娜．泰勒（Breonna Taylor）以及喬治．弗洛伊德（George Floyd）分別被白人與警察謀殺後，卡佩尼克的社會影響力便不斷擴散。那一年，許多職業球員、教練都開始發聲，以致敬卡佩尼克的宣言和跪下抗議的舉動。甚至連聯盟官方也逐步跟進。

各界對社會運動的支持當然不是一夕出現。二〇二〇年五月底開始，全美各地都有人發起抗議活動，NBA官方隨後也發表聲明支持。在籃球場上，四處可看見「黑命貴」的標語。球衣背面也不再印著球員的名字，而是改為抗議標語如「唸出他們的名字」（Say

Their Names)，賽後訪問的內容也會著重於社會正義的議題。

二〇二〇年八月二十三日，威斯康辛州的黑人民眾布雷克（Jacob Blake）被警察不當開槍襲擊，結果造成半身癱瘓。NBA的球員們因此拒絕出賽，直到聯盟同意開放讓體育館變成投票所。NFL則保持沉默，直到有十幾位明星球員在網路上發表影片要求聯盟表態。時任總裁古德爾隨後發布自拍影來回應，表示他應該早點聽取球員的建議。他還接受採訪，聲稱他四年前應該以不同的方式去處理卡佩尼克的抗議舉動。最終，NFL對「黑命貴」運動統一表達支持的立場，雖然已經晚了好幾步了。

二〇二〇年，由於受到新冠肺炎的影響，MLB直到七月底才恢復比賽。在開幕日當天，官方進行了一項象徵性的儀式，請球員和教練們在演奏國歌前（但不是在演奏國歌時）跪下，而且每人手持黑絲帶以代表團結一致。雖然這稱不上是多麼大膽的創舉，但以白人球迷多又保守的MLB來說，已經是讓人跌破眼鏡的活動了。MLB允許球員關心社會議題、表達異議，而官方也釋出明確的訊息，但這一百八十度的轉變既不熱切也不真誠，只是攏絡人心的手段。近年來，各大企業和機構也會用一樣的招數。但就算是假情假意的表面支持，也算是有所進步了，畢竟聯盟過去是完全不碰社會議題的。

球員們的積極抗議行動，引起了廣泛球迷的回應與討論，並化為民意調查數字以及價值觀的衝突。

球場的歸球場、政治的歸政治？

二〇二〇年八月的民意調查顯示，在喬治．弗洛伊德事件後，運動員抗議的風潮達到高點，這也剛好是NFL開打的季節。超過七成的球迷支持球隊和球員發聲去推動社會正義和種族平等，而當中有四成四的球迷其立場非常強烈。在接受民意調查的球迷中，有將近一半的人表示，他們比起前一年更加支持挺身而出的球隊和球員。

不過，另外有百分之二十的民眾表示，他們不樂見球員有這些舉動。至於球員該在哪些場合對社會議題發表意見，大家的意見也很分歧。有百分之五十一的球迷支持運動員可在場上發聲；剩下的人則表示，運動員應把抗議活動留在場外。

在這些民調數字的背後，可明顯看出民眾間分歧的政治立場。偏共和黨的民眾反對運動員表達對社會議題的看法，更不喜歡他們的抗議舉動，尤其是在唱國歌的時候。有八成的共和黨支持者表示，職業運動員賽前應該要起立站好，不得破壞演奏國歌的氣氛。

在卡佩尼克開始在賽場上表達異議的那一年，民意調查顯示，有七成的偏共和黨民眾認為，職業運動員應站好聆聽國歌。到二〇二〇年，民意調查顯示，在偏民主黨的民眾中，只有三成的人認為職業運動員有必要立正站好聽國歌；但在二〇一六年，這數字是高達百分之四十三。不分政黨傾向來看，認為職業運動員應該站好聽國歌的人數，從二〇一六年的百分之五十六下降到了二〇二〇年的百分之五十四。

不管是體育或政治新聞，負面報導都很多。有些球迷宣稱，在看到運動員表達政治立場後，自己就不再支持他們所屬的球隊，不再觀看相關的賽事。這些片面的報導很容易在選舉年出現，而撰寫這些文章的記者們似乎以為，在小鎮餐館裡與人們交談，就能判斷全國人民的政治風向。但這與民意調查的結果互相矛盾。事實上，大多數受訪的球迷都認為，球員們有權在場上對無辜的受難者致哀、在球衣印上標語，或表達明確的政治立場與異議。然而，這些支持的聲音沒有反映在收視率以及門票收入上。此外，由於疫情的影響和二〇二〇年總統大選的爭議，再加上各聯盟改變賽程，看球的人數的確創下歷史新低。

我對公眾在立場上的分歧很感興趣。讓我感到訝異的是，大家在探討這些議題時，都先入為主地認定，重點在於要不要包容球員發表異議、做出抗議舉動，而不是評斷他們的觀點是否有理。許多人都擔心，球員這樣做會導致球迷流失、沒人想看球賽，所以該考量實際的問題，要限縮球員的抗議舉動。

相反地，很少人樂觀地認為，球員、球隊或聯盟多專注於社會與種族議題，就能吸引到更多民眾來看球。我也是這些少數人。我認為，整個聯盟更關心社會議題，賽事就會更有吸引力，甚而讓球賽變成社會變革的催化劑，而不只是消遣娛樂。順便說一句，「賽事不應該染上社會議題」，不光是保守派人士這樣想，許多左派派人士也忘記了，歷史上有許多運動人士都在推動社會正義。

歷史上推動社會改革的運動員

這些心態至少可以追溯到一個世紀以前。早期的社會主義者認為，運動賽事不過是資產階級的統治工具。運動所傳達出的思想和價值觀，無論經由有意識或無意識的操作，都是統治手法。尤其是年輕人，最容易因此被灌輸資產階級的意識形態，只看重金錢、權力、名望、企業、競爭和身分階級。相反地，包括運動員在內，勞工的地位就被貶低了。

社會主義者還認為，人們在看球時被激發的情緒，就好像宗教狂熱一樣，都是為了宰制人民而使用的精神鴉片。這是操弄勞動力的好工具，只要每週進行幾場賽事，人民就會分散注意力。統治者藉此能打造幻象，「奮鬥的人必有收穫」，勞工就不會意識到現實世界的種種不公不義。

這種輕蔑運動的想法，確實有其合理與真實的一面，但並不明智。有些人斷定運動無助於推動社會正義，也有些人強調社會議題會汙染運動賽事的單純。他們都堅持兩者應該有所區隔。有些人更不允許運動員對社會議題發聲。如果這些保守分子的影響力夠大，那社會大眾就聽不到運動員的聲音了。

實際上，許多民眾都是藉由賽事而接觸到社會議題。因此，我們不可蔑視運動界在這方面的影響力，否則球迷就不會有機會去關注更多不公不義的現象。

傳奇的體育作家萊斯特．羅德尼（Lester Rodney）於一九三五年面臨到這樣的矛盾。羅德尼是共產主義者，但他不同意美國共黨的觀點，後者認為運動賽事是資產階級的玩物，對工人階級有害。後來他說服了左派的《每日勞動者》（*Daily Worker*）讓他定期撰寫體育專欄，以對抗黨部的觀點。在第一篇專欄中，羅德尼寫道：

棒球是美國的國球。我敢說，每十個工人中就有九個非常熱衷於看棒球，當然也喜歡其他運動項目。從傳統的共黨角度看，你可以譴責他們對棒球的熱愛，因為那是資產階級的鴉片。但這不能改變事實。在我們所處的廣大美國土地上，太多人對棒球瘋狂。而共產主義者只是少數人口而已。

我們要在美國社會中保持孤立嗎？在卑躬屈膝向大眾解釋共產主義的好處前，要先拜託他們不看棒球、不打棒球嗎？報導罷工消息時，再附帶報導昨天的棒球戰況，美國工人才會感到輕鬆自在。

這麼一來，他們就不會覺得共產主義是洪水猛獸或外來思想。放開心胸，讓我們向大眾證明，共產主義者就是普通人而已。

羅德尼於一九三五年寫下這段話時，棒球已不再像以前那樣受歡迎，在將近九十年後的今天，我們已經可以理解這想法：「共產主義者就是普通人而已。」在他的時代，羅德尼不得不急切宣揚這項主張。在今日社會，有些觀念與羅德尼的想法不謀而合：運動與其他社會活動相關、交互作用，所以我們應該多多討論。

無論是從左派還是右派的角度來看，我們都不該低估球員在社會正義與社會運動的實質影響力。球員有能力傳遞相關訊息給有需要的社會大眾。這點很容易理解，因為歷史上有很多球員積極付諸行動。

面對社會的不公不義，卡佩尼克在球場上表達抗議。事實上，他不是第一人。多年以來，許許多多的黑人運動員都在突破保守文化的羅網，持續倡導社會正義和種族平等。而保守派人士都希望運動員（尤其是黑人）可以保持沉默。

運動員所引領的抗議運動可以分為三大浪潮：

> 在美國種族隔離時代（一八七六至一九六五年），拳擊手喬．路易斯（Joe Louis）和傑克．約翰遜（Jack Johnson），以及短跑好手傑西．歐文斯（Jesse Owens）的優異表現，讓大家留意到有色人種的困境。

二戰後，棒球員傑基．羅賓森（Jackie Robinson）、美式足球員肯尼．華盛頓（Kenny Washington）和藍球員厄爾．勞埃德（Earl Lloyd）打破了各個運動領域的種族屏障，成為民權運動的先驅。

七〇年代前後，黑人民權運動興起後，運動員更加高調表達政治立場。拳王阿里拒絕參加越戰；在一九六八年的奧運會上，銅牌得主約翰．卡洛斯（John Carlos）與金牌得主湯米．史密斯（Tommy Smith）在頒獎台上高舉拳頭，以表達自己的人權理念。

這些事件和歷史人物如今都受到社會大眾的讚揚。拳王阿里在二〇一六年去世時，美國人民皆視他為英雄。傑基．羅賓森在美國棒球迷心中的地位至高無上（聯盟官方將四月十五日定為羅賓森日，以紀念這位第一個登上大聯盟的黑人球員）。卡洛斯和史密斯所展現出的勇氣，令後世的人提到他們的名字和行動時，無不大加讚揚。

然而在過往，他們都承受了許多輕蔑和譴責。時至今日，這些偉人已安然成為歷史的一部分，他們英勇的舉動都被列入史冊。有些運動員在過了幾十年、甚至在去世後，才成為受人尊敬的歷史人物，此時的他們已不再對美國白人構成威脅。

身為球迷的我們，應該去包容運動員的政治立場，樂於見到他們在社會議題上發聲。我們應該支持他們、當他們的後盾，並於當下響應。如今有許多人都表示，如果回到過去，一定會公開支持當年運動員的抗議行動。那些時刻有：傑基・羅賓森在一九四七年首次穿上道奇隊的球衣時；一九六七年拳王阿里拒絕入伍、得負擔法律刑責時。過去的球迷沒有許多機會支持這些行動，但我們現在可以積極參與。

運動員為社會大眾帶來許多感動和歡樂，我們應該跟他們站在同一陣線，理解他們的行動與理念。讀者應該也有意識到，近年來一些最引人注目的政治表態，從卡佩尼克到拉皮諾，都是發生在賽場上。除了城市的各大廣場和公園，體育館已成為最普遍的公共聚集場域，因此，要推動並反映當前的迫切問題，這些地方就會變成社會和政治議題角力的焦點。

因此，除了單純為賽事和球員的表現而歡呼，球迷也能為了改善社會而獻上一臂之力。

第12章

當個鍵盤教練也不賴

一九八二年，立頓紅茶公司在全美各地的棒球場贈送海報，上面列有每一屆世界大賽的對戰隊伍。我和我的兄弟在底特律老虎隊的主場也都拿到一張。從那天起，這張海報就一直懸掛在我的臥室牆上。海報上印有各屆世界大賽的宣傳主視覺；直列九行，橫列八行，幾十組對戰組合滿滿記錄在這一大張海報上。一九〇三年的對戰隊伍在右下角，最近期的——一九八一年的對戰隊伍在左上角。在這張超大海報上，字體和照片都清晰可見，而且色彩繽紛、賞心悅目。球迷們會花很長的時間去研究它，而我也是其中之一。事實上，我花了超級多的時間在欣賞、凝視和研究那張海報。我在九歲時，已經可以迅速背出職棒史上每次世界大賽的對決戲碼。

在如此細微的研究下，直到今天，只要我想到一九〇三年至一九八一年的任一場世界大賽，腦海裡就會立刻浮現它的主視覺樣式。後來，我在網路上看過其中幾場賽事的片段甚至整場的回播影片，但在我腦海中所浮現畫面永遠都是那張海報上的內容。

但是，這張海報上的小圖示，並非總是能呈現當年世界大賽的重大象徵，包括某場比賽的經典時刻。在一九三二年的世界大賽中，最經典的畫面應該是洋基隊的貝比·魯斯向全場預告，自己將擊出全壘打。他站上打擊區時，伸手指向外野，代表他等一下要將白球送出全壘打牆外。不過在立頓贈送的海報上，一九三二年的主視覺是一副插圖，上頭有某位洋基隊球員滑入本壘。

再以一九三四年的世界大賽為例。當時聖路易紅雀隊陣中的王牌投手是迪奇·丁恩（Dizzy Dean），而全體隊員也因為他們粗曠的外型而被稱為「煤氣室幫」（Gashouse Gang）。當年紅雀隊摘下冠軍的過程總為人津津樂道。但這些意象也都沒有呈現在立頓紅茶的海報中，它上頭只有如繪本裡出現的老虎，以兩隻後腿站立著。

至於一九五六年世界大賽的意象，立頓的海報也沒有抓到重點。當年，洋基隊的投手拉森（Don Larsen）三振掉最後一個打者後，創造了當年唯一一場無安打、無保送的完全比賽，捕手約吉·貝拉（Yogi Berra）隨即興奮地跳進他的懷裡；這個經典的畫面也沒出現在立頓的海報中。

實際上，每當我想到該年的世界大賽時，只會想起洋基的球隊經理斯坦格爾（Casey Stengel）和其對手道奇隊的經理奧斯頓（Walter Alston）；在立頓的海報中，兩人的背景分別為洋基球場和埃貝茨球場。

棒球同人誌與電玩遊戲

這很有趣，對吧？撰寫這篇文章的同時，我已擔任專業的棒球記者超過十三年了。我寫過不少討論世界大賽的文章，也做過大量的研究，包括閱讀許多棒球相關的書籍；光是寫世界大賽的就有十幾本。當然，了解世界大賽歷史的人非常多，而我也算是略懂。不過，這個象徵性物品，即四十年前立頓公司免費發放的海報，卻在我心裡佔據極大的空間，雖然日後在漫長的歲月裡，我學到了更多的棒球歷史與知識。

在這張海報上，有許多圖像和主視覺與該年度的比賽內容沒有密切關聯。但它們不斷在我的內心發酵，加強我對每屆世界大賽的印象。

對於這個現象，我無法找出確切的答案。多年來，有個詞一直徘徊在我的腦海裡無法擺脫，它就是「雲端球迷」(metafan)。以我本身為例，我對於世界大賽的印象，都來自於那張海報的視覺設計。在我還不太認識世界大賽的時候，那張海報給我有限的知識，讓我產生相關的概念；最終，它們霸佔了我的回憶。日後，不管我實際見識過哪些跟棒球有關的事物，包括各賽事的畫面、評論和報導，就都無法完全取代我對世界大賽的印象。

我不確定這是否為我個人獨有的狀況。但我認為所有熱愛運動的人，都有雲端球迷的一面。在運動的世界裡，我們沉迷於各項賽事，除了看比賽，還喜歡想像賽事如何進行，也熱衷於玩運動電玩、收集紀念品，以及閱讀或撰寫文章、進行統計分析。有時，我們只是喜歡與同好交流的感覺。

我們喜歡深入、沉浸於運動的世界，深入探索一般人不大留意的面向，包括去研究伴隨職業運動而來的相關事務。

舉例來說，許多人都很關注職棒的「熱爐季節」（stove season）。球季結束後，自由球員會找新球隊，球隊間也會相互交易，教練團則會花費大量時間去評估本賽季的表現，以作為新賽季的調整方針。有不少人都認為，熱爐季節才是職業棒球的吸引力所在。有時我們會覺得自己的心態很怪，懷疑自己是不是本末倒置。十年前，在開始撰寫文章討論雲端球迷的現象時。我和朋友談到當時即將開始的職棒賽季時，他如此回覆我：

有時我會對開幕戰感到擔憂。在賽季開打後，我必須花費許多時間去閱讀報導和撰寫評論。我常常不確定，自己何時才有時間好好看比賽。矛盾的是，休賽季期間我才能有喘息的片刻，不會被賽事的進度追著跑。休賽期間我的壓力小很多，也有心力去關心棒球界的整體發展，而不用把心力都放在寫評論和做分析。我常常在想，如果再不用心看比賽，自己是否還能堅持下去，保持對棒球的熱情。我得提醒自己，我會有這麼多消化不完的資訊，是因為我喜歡棒球。而我不必一一讀完才能享受看棒球的樂趣。

有些鍵盤教練更加脫離現實。他們不去現場看球，也不看轉播，僅靠新聞報導來得知賽事進行的經過。當中有些人甚至與實際的賽事完全脫節。

這種球迷確實也是認真的。正如喜歡寫歷史小說或改編正史的創作者，也可稱得上是「歷史狂熱者」。閱讀和創作體育文章的人也應該被視為正港的球迷。他們熱愛賽事和深度理解運動文化，才會將其轉化為創作和閱讀的動力。這些人富有想像力和創造力，對運動員和球隊有真感情，從各方面來看，都是不折不扣的體育迷。

我最喜歡的運動書籍不是球迷的二創小說，而是更加脫離真實情境的故事。美國現代文學家羅伯特·庫弗（Robert Coover）於一九六八年出版小說《萬能棒球協會有限公司與沃夫主席》(*The Universal Baseball Association, Inc., J. Henry Waugh, Prop*)。在這個故事裡，主角沃夫創造了虛擬的棒球聯盟，並用擲骰子來決定球員的表現與球隊戰績。他就這樣進行了好幾十個賽季。這概念類似於近幾年流行又充滿想像力的棒球桌遊。

沃夫所設定的明星投手魯瑟福在他連續三次擲出「蛇眼」(兩個一點)後，被強襲球擊中頭部而死亡。沃夫有詳細列出一份「特殊事件表」，當中包含眾多奇異的遊戲規則，而魯瑟福被強襲球打死是機率最低的。

沃夫發明了一個棒球遊戲，又詳細撰寫它的規則，導致他情感上無法自拔。他細膩地描寫這個棒球聯盟的運作方式，甚至還想像出每位球員的個性，以及相關人士的樣貌，包括他們的妻子、女友以及球場附近酒吧裡的調酒師。

沃夫活在這個遊戲中，他不但是創造者，也是參與者。他的鏡像神經元不斷在活動，大腦中激起同情心的部位超負荷運轉。想當然耳，一名虛擬球員的死亡對他造成了極大的打擊。

沃夫這個角色若是活在真實世界，可以算是正港的球迷嗎？那當然。即使他對賽事的熱愛與現實中的各種職棒賽事完全無關。

在心靈的運動世界中找到安慰

在二〇二〇年，一款名為Blaseball的棒球恐怖遊戲在網路上推出了。這款遊戲用極為荒誕的手法去模擬棒球賽事，當中還有許多虛構的球隊，如「堪薩斯薄荷糖」、「紐約千禧一代」和「布雷肯里奇爵士樂手」。遊戲的賽事進行時，場上會出現各種隨機的奇幻事件，例如球員被流氓裁判燒毀，或者投手長出額外的手指。就像真正的棒球比賽一樣，比賽會因天氣而延遲，但從天空中落下的不是雨滴而是花生。

玩家還可以在遊戲裡下賭注，膜拜特定的球員，根據他們的表現以賺取虛擬貨幣。玩家可用這些貨幣投票，用以選擇事件和改變規則。我沒有玩過Blaseball，但玩過的人都跟我說，儘管它的設定荒誕且與現實脫節，但他們都樂在其中。雖然這不是道奇隊和巨人隊的傳奇對決，但大家在茶水間聊起這遊戲時，都與傳統的球迷沒兩樣，甚至有眾多相似之處。這些玩家對該棒球遊戲都有參與感和連結感，與身為球迷一樣真實。確實，它看起來非常有趣。

一般的球迷不會像上述的新世代球迷那樣，根據現實寫出二創小說、幻想著職籃球員豐富的內心戲。這些球員只存在於紙上，表現完全根據擲骰子而決定，但雲端球迷還是會為他們哀悼。

新世代的球迷還會著迷於詭異的棒球電玩：球員跑壘時突然分身，而且兩個都跑回本壘得分。他們幻想著「加拿大潮濕談話者」會得到多少分。雲端球迷找到了全新的觀球體驗。他們也是一群球迷，自外於現實中的各大聯盟，只關注於虛擬的賽事。在這樣的虛構世界裡參與虛擬賽事，也算是一種安慰，尤其是當我們所深愛的球隊和聯盟開始利用球迷的忠誠，做出令人厭煩、失望的行為時。

我非常喜歡立頓公司所推出的那張世界大賽海報。幾年前，當我在eBay上發現有複製品時，便買了它、加以裝框，並掛在我書桌前的牆上。我不時會看著它。當我對棒球感到厭倦，不想看球賽或寫文章時，就會閉上眼睛、試著依順序背誦出自一九〇三年以來每屆世界大賽的對戰組合。

有時我也會從衣櫥裡拿出從童年時期開始搜集的幾千張棒球卡；我拿出來一一端詳、並重新整理，然後收好。有時我會搬出我的舊電腦Commodore 64，玩幾場由電玩公司Accolade所出品的HardBall!，在那款遊戲裡，你可以扮演「全明星隊」或「冠軍隊」，而隊員的名字看起來有模有樣，但都是虛構的。我大多數的時候都能擊敗電腦。

儘管這些事情跟看球無關，但我仍覺得自己是熱情的球迷，而且是用我個人化而獨特的角度去參與比賽。至少在這裡，我不需要去顧慮運動產業複合體的惡劣言行，它們導致球迷不想觀看賽事與支持球隊。

這是屬於我自己的球迷文化，不被任何聯盟與球團所操控。我按照自己想要的方式去享受看球的樂趣，你也可以。

結語——一日球迷的快樂

足球賽事的等級很多，也有各式各樣的聯賽，但老實說，我不是足球迷。我小時候沒有踢過足球。這項運動在九〇年代進入美國人的日常生活中、蔚為流行，但當時我也沒有跟上潮流。我所居住的哥倫布市成立了美國第一支職業足球隊，不過我沒有因此去關注在一九九六年開打的MLS。我偶爾會看世界盃賽事，但那只是因為許多朋友都在看，而想要跟他們有話題可聊。

我喜歡世界盃，也會著迷於其刺激精彩的賽事，但比賽結束後我就完全拋在腦後。我的生活裡已有夠多的運動賽事了。成為硬派的球迷要付出很多精力，我沒有夠多的空閒時間，也沒有足夠的腦容量去成為熱情的足球迷。

去年七月的某個星期天下午，我在社交媒體上瀏覽文章，看到了一位朋友的推文：他正要準備觀看歐洲國家盃的決賽——英格蘭對上義大利。我那時正感到無聊，也沒有想看棒球比賽，所以就跟著收看這場足球賽。雖然這不是世界盃賽事，但氛圍非常相似。

我花了好幾個小時觀看。儘管我對足球規則只有最基本的概念，但那次的觀賽體驗令我感到很愉快。我從未努力去了解足球，但從美學的角度來看，這項運動很令人感到興奮和愉悅。比賽進行時，雙方在進攻與防守時的陣型，都呈現出令人賞心悅目的幾何結構，相比之下，籃球、曲棍球和美式足球則顯得黯然失色。我猜想，這也許是因為足球場地較大、有開闊的空間，足球員能盡情奔馳。

從頭到尾看完這場賽事後，我覺得這項運動完美將條理與混亂結合在一起。多年來，我在其他賽事中無法獲得的趣味感，都已經被足球賽滿足了。我無法否認，自己有膚淺的英國情懷，所以觀賽前我決定支持它。最終英格蘭輸了，但比賽過程令我感到很滿足。

後來我問自己，既然我如此喜歡足球賽，為什麼後來不多看幾場？答案跟我對球迷文化的既有看法有關。從情感和生活歷程來看，我跟任何一支足球隊沒有連結。我對這項運動的規則及歷史也不大了解，所以也談不上是真正的足球迷。我喜歡足球的程度很淺，完全比不上我所痴迷的棒球以及曾醉心的大學美式足球。

在足球賽中找回看球的初衷

我在本書中所談到的內容，於二〇一〇年七月時就都已清楚呈現在我的腦海中。那時我交了初稿，但很快就意識到，我不投入看足球的理由都很愚蠢。我感到很好笑，其實我沒有什麼理由不繼續看足球，雖然我對它不熟也不熱衷，但多看幾場對我的寫作生涯有益，也可以驗證我的一些想法。因此我決定，從二〇一一年開始，要來關注英格蘭的足球賽事，看看能激盪出哪些新想法。

包括英超聯賽在內，英格蘭的各大足球聯賽在八月中旬開打。我每週末都在看足球轉播。到目前為止，我還是覺得這些比賽刺激又有娛樂性。雖然我還是沒辦法徹底理解場上發生的一切，但這是情有可原的。

我在前文提到，對於北美各大聯盟的職業賽事，我累積了幾十年的知識、熟知其歷史與發展。我開始觀看足球比賽時，也花了很多時間上網搜索相關的基本知識，諸如「越位」和「托登罕熱刺隊與兵工廠隊的恩怨情仇」。我缺乏背景知識，卻因此擺脫了幾十年來在我腦海中存在的偏見、厭惡與嫌隙感。

觀看北美各大聯盟的賽事時，我會不斷思考、觀察場上的細節。但看足球時，我就不覺得自己有必要去分析什麼事情，也不需要產生明確的意見或看法。

過去，不論是哪種賽事，只要一到現場或打開電視，我就會完全投入情緒，或帶著批判性的眼光看比賽。但對我來說，看足球賽卻是純粹的沉浸式娛樂體驗。在這種放鬆的體驗中，我完全放下自己，眼中只有球員的表現與場上的氛圍，非常享受這一切。我欣賞當中所展現的所有美學。

過程中，我一邊學習足球的知識，也會出現一些個人的感想與意見。但我不需要將它們連結到更大的體系或脈絡。自童年以來，我對任何一項運動賽事都沒有這種體驗，真是令人振奮又耳目一新！

會出現這種心情，正好就是因為我對足球從未有過狂熱的興趣。美國社會開始普遍接觸英格蘭的足球賽事後，許多人都在談論，自己在慎重又深遠的思考後，決定支持哪支球隊。這些言論多到變成了陳腔濫調。

對於要支持哪支球隊，我聽過的理由非常多。很多人在剛接觸某項運動賽事時，會較偏愛當時表現好的那些球隊。英格蘭的足球界有六大豪門：曼聯、曼城、切爾西、利物浦、兵工廠和熱刺。對於英國人來說，自己會支持的球隊大多是受家人影響，或是他家鄉的球隊。在九〇年代，我有個朋友是曼城隊的球迷，因為綠洲合唱團核心成員的蓋勒格兄弟支持曼城。我還有個朋友選擇了切爾西，因為布勒合唱團裡的主唱戴蒙・亞邦是切爾西的球迷。

這些理由五花八門，唯一的共同點是，只要足球迷找到了支持的理由，就會死忠支持那支球隊。就像辛辛那提紅人隊或底特律老虎隊的球迷一樣，永遠不離不棄。這好像就是身為球迷的義務。

剛開始我也抱持著這樣的想法，但我的選擇可多了：

我最喜歡的英國搖滾樂團都來自曼徹斯特，所以我該支持曼城或曼聯。

我的曾曾祖母來自西布羅姆維奇（West Bromwich），所以我該支持西布朗足球俱樂部（West Bromwich Albion）。

利物浦的球隊經理跟我一樣是個大左派，所以我該支持「紅軍」。

在世界盃和歐洲國家盃的賽事中，熱刺的前鋒哈里・凱恩（Harry Kane）表現突出，所以我應該支持熱刺。

但後來我意識到，我不必為任何球隊加油，也不必刻意去找理由，包括出生地、家鄉或樂團主唱的喜好，這背後都沒什麼道理可言。我只想單純地觀比賽、享受休閒時光，就算對某球隊有熟悉感，那就順其自然吧。我都是以這樣的心態在看足球比賽。

懂得欣賞更多球員的表現

在初期，我並未限定自己要支持哪支足球隊。我通常會根據不同的理由去選擇當日想支持的球隊，通常是在開賽前不久才做出決定。球衣的顏色、主場觀眾的應援曲以及球隊的花絮都會影響我的選擇。足球賽看久了，我更了解賽事的細節和聯盟的運作後，才產生了更專業的見解。這時我會以更明確的理由去支持某球隊，比如有幹勁的年輕球員，或是賞心悅目的進攻或防守陣形。當然，有些事情會讓我反感，例如球隊的表現很糟又沒有拚勁。但總之，我不覺得需要全心支持單一球隊，也沒有義務要這麼做。

我支持某足球隊的動機，都是看自己當天的心情，所以會隨風轉舵。不過，既然沒有付出全心全意，那該球隊贏球時就我就不會狂喜，輸球我也只難過一下而已。這種感覺非常自由。也許，我還是會受到某球隊吸引而全力支持它，但一定是出於具體而又有意義的立場。對我來說，出生地、居住地和家鄉都算不上是嚴格的理由。

另外，看球時不侷限於支持單一球隊，我就更能看出足球界的商業操作，以及球團的老闆與其母企業的意圖。無論在哪個國家，職業賽事和聯盟都有可能被財大氣粗的人所掌控，而他們只在乎自己的利益，而不管運動的價值。

例如，曼城隊的大股東是阿布達比集團（Abu Dhabi United Group），其行事風格高壓又霸道。但反正我不會全心支持單一球隊，所以我就不需要強迫自己接受曼城隊的所有事物。

能買下職業球隊的，都是有權有錢的富人與財團，他們不大可能完全以球迷和公益的角度經營球隊。但至少，我不效忠於任何球隊，就不會太痛恨他們。我沒有付出太多的心意，也不會花很多錢買周邊商品；我不會成為球團的活廣告，更不容許它利用我的忠誠度。

不把心思綁在單一球隊，我就能欣賞更多賽事，而不只是關注熱刺、曼城或愛華頓（Everton）的比賽。因此，我發現到更多有特色的球員；只看單一球隊賽事的話，我得看完整個賽季，才能欣賞到他們精湛的球技。

例如，狼隊的阿達馬・特拉奧雷（Adama Traoré）的體型相當巨大，就像古羅馬的雕像那樣雄偉，他站在球場上的樣子十分驚人。不過，到了要射門的那一刻，他會突然變得不知所措。如果我是其他隊的鐵粉，我應該不會認真觀看狼隊的比賽。但我特意看了好幾場，就想知道特拉奧雷的射門運氣有沒有變好。簡單來說，我受到他某方面的吸引。

同樣的，我也對熱刺隊的前鋒孫興慜感興趣。在賽季初期，熱刺隊的明星球員哈里・凱恩缺席了幾週，於是孫興慜有機會受到重用，而他的表現也很出色。我也對凱恩也很感興趣，他是最著名的英格蘭足球員，也是體育界名人。但在賽季初期，不斷有傳聞指出他想離開熱刺、轉隊到曼城。如果我是熱刺的球迷，應該會感到很不滿；如果我是曼城的球迷，便會開始期盼他的到來；如果我是其他競爭隊伍的球迷，心情就會更加複雜。

不過老實說，我不太在乎這些事情。無論凱恩代表哪支球隊出賽，我都會觀看他的比賽、欣賞他在賽場上的表現。我也真心想要知道，他在新環境中適應得如何；假如我忠於熱刺的話，就沒有辦法產生這些正向的心態。如果他最後留下來沒轉隊，我也會想看他後續表現如何。

天涯若比鄰

去年七月的歐洲國家盃決賽對我影響深遠。比賽結束後所發生的事情，更加令我印象深刻。義大利在PK大戰中戰勝了英格蘭；後者的球員布薩卡（Bukayo Saka）、拉什福德（Marcus Rashford）和桑喬（Jadon Sancho）都未能射門成功。這些黑人球員隨後在社交媒體上受到不堪的辱罵。不少英格蘭球迷都有種族歧視心態，這在歐洲足球界中絕非新鮮事。但更重要的是，今日關注運動的大眾和球迷都會公開討論這些現象，並承認它們是非常嚴重的問題；以前的人常常會對此視而不見。

種族主義在足球界是普遍而根深蒂固的問題，需要很長時間才能解決。藉著這次的紛爭，有社會意識的球迷更有理由支持薩卡，即使他們不是兵工廠的球迷；他們也支持拉什福德和桑喬，即使他們不是曼聯隊的球迷。英格蘭聯賽中也有正義之聲，如利物浦的球隊經理克洛普（Jürgen Klopp）、阿斯頓維拉（Aston Villa）的後衛明斯（Tyone Mings）等。他們不怕損及自己的聲望和薪水，公開為球員發聲，並批評自己所屬的球隊、球迷以及某些政治人物。他們有許多惡劣的言行，包括對種族議題發表過時的評論、攻擊平權運動者，甚至在球場上搗亂。

附帶一提，我在足球的雲端球迷和周邊活動中獲得了許多樂趣。

在英超聯賽開幕的那個週末，我去了一家酒吧，它在早上七點就開門營業，整天都在播放足球賽事。接著我遇到了一名曼聯的球迷，他來看曼聯對戰里茲聯的比賽，一同前來的還有切爾西的球迷和萊斯特城的球迷，但只是來閒晃的。他們在場介紹了自己所支持的球隊，包括球隊的軼聞、歷史（無論是光榮的還是可疑的）和傳統等。酒吧裡還有一位球迷，但他不是任何一支英超球隊的球迷。他是彼得堡聯（Peterborough United Football Club）的球迷，只會看英格蘭足球的乙級聯賽。酒保將店內的一台電視機轉台，好讓他看彼得堡聯對戰德比郡。

那位球迷和我聊了一個小時，我提到美國人開始觀賞英格蘭足球，他則談到自己是如何喜歡上彼得堡聯。他認為，試著去喜歡跟自己沒有任何連結的運動項目，是有點愚蠢的。球迷應該是基於身邊的環境或家庭影響去支持球隊，而不是從遙遠的大西洋彼岸去找靈感。

他請我喝了一杯啤酒，我幫他付了他的早餐費用。彼得堡聯的比賽結束後，我們便準備離開酒吧，這時他把他的球隊圍巾送給我，以紀念我成為英格蘭足球迷的第一天。

他含蓄地說，希望我以後多支持彼得堡聯。這樣一來，俄亥俄州就會多一個它的球迷。總之，只要你有心，在各地你都可以找到同好。

雖然在現階段，我還不想要全心全意支持單一球隊，但我真的很喜歡跟熱情的足球迷聚在一起。他們對足球的熱情與專注能感染到身邊的人。此外，英格蘭足球的術語和俚語也很迷人又有啟發性。

對於美國記者來說，評論賽事的重點是「誇大描述」，而英國播報員的特色就是「一本正經地諷刺」。開始關注足球賽事後，我也順道認識了許多不熟悉的英格蘭城市，並為自己補充了英格蘭的歷史與文化。我的英國情懷因此獲得了滿足。事實上，足球帶給我的許多快樂與賽事本身沒有什麼關聯，而是與周邊的人事物有關。

我喜歡對每支球隊都表達一些支持，但不熱衷任何一隊的賽事。在其他球迷眼中，這是不尋常的態度。我喜歡支持特定的球員，不論其所屬的球隊為何，哪怕他轉到敵隊去了。但這也不是一般球迷會做的事情。許多人都將看球視為逃避現實的小天地，所以他們不想關注運動員的現實問題，更將它們視為禁忌。有些人認為，球迷就是要專注於每場比賽，而不是把心力放在周邊的人事物；關注那些瑣碎的事情很愚蠢。然而，這就是我目前的做法與心態。雖然我當了幾十年的勇士隊球迷，但要脫團一點都不難。

只要稍微動一下腦筋就可以了。

致謝

先感謝Anne Trubek，她發現這本書有出版的潛力，雖然內容會惹惱很多球迷。作者彷彿在告訴這些人，他們其實是用錯的方式去投入熱愛的事情。這本書會讓出版社賠錢吧？在撰寫謝詞的此刻，我依然這樣認為。但Annek的看法不同，這要歸功於她的精明與幽默感。如果沒有她的信任和指導，這本書將永遠不會問世。

感謝Dan Crisman和Michael Jauchen的建議、編輯和校對，他們將一篇失控的宣言轉變成一篇好看的失控宣言。感謝David Wilson設計了精美的封面。感謝行銷人員Phoebe Mogharei。感謝Bult Publishing的作家Elizabeth Catte，她讓我了解寫作的意義，並幫助我理解出版社的運作方式，以調整我的寫作習慣和個性。

感謝我的老朋友朋友Ethan Stock。一九九一年，我們成為俄亥俄州立大學的同學，此後他一直在編輯我的作品。他負責初步的文稿編修。多虧了他的努力，本書的句子通順許多。

同樣感謝我的老朋友Megan Kindle，她花了幾年的時間敦促我撰寫這本書。我提出了各種不想寫的藉口，畢竟作家大部分時間都在懷疑自己。有個會鼓勵你的朋友很重要，謝謝她對我這麼有信心。

許多作家、思想家和評論家撰寫過與本書相關的議題。多年來，我也都跟他們請教過。謝謝我在NBC的前同事Bill Baer、Aaron Gleeman、Matthew Pouliot、D.J. Short、Drew Silva、Ashley Varela和Nick Stelli。他們忍受我的嘮叨，我對運動產業有許多怨言與評論，但他們都鼓勵我多多發表意見。除此之外，我還要感謝：

J.C. Bradbury、Howard Bryant, Keith Law, Rob Neyer, Brian Alexander, Mike Duncan、Kavitha Davidson、Jessica Luther、Nelson Schwartz、Shakeia Taylor、Steven Goldman、Tova Wang、Lincoln Mitchell、Frank Guridy、Adrian Burgos Jr.、Marc Normandin、Neil deMause、Luis Schiff、Rober Jarvis、Joe Sheehan、Eugene Freedman、Ruth Kapelus、Laura Wagner、Clair McNear、John Thorn、Sherly Ring、Jay Jaffe、Katie String、John Thorn、

Sheryl Ring、Jay Jaffe、Katie Stang、Britt Ghiroli、Bradford William Davis、Hannah Keyser、Lindsey Adler、Emma Baccellieri、Jen Mac Ramos、Stacy Mae Fowles、Craig Edwards、Jesse Spector、Grant Brisbee、Mike Ferrin、Liz Roscher和Britni de la Cretaz。

我還要感謝我的讀者，他們訂閱了我的電子報《一杯咖啡》(*Cup of Coffee*)。從財務上來說，他們給我實質的支持。在寫作上，他們也給我很好的回饋，有些具有批判性，並給我許多靈感。

最重要的是要感謝我的家人。

感謝我的妻子Allison，她在情感上完全支持我。她常常提醒我，長時間低頭坐在電腦螢幕前，最好不時起身、喝口水或去散散步。

感謝我的孩子Anna和Carlo，他們不斷提醒我做這些事情的初衷。從他們身上我也發現，我並不像自認為的那麼聰明。孩子們是有智慧的。

感謝我的兄弟Curtis從小就與我分享他收藏的棒球球員卡，這讓我成為真正的球迷。

最後，感謝我的父母Richard和Lezlie，即使他們本人並不是特別熱衷於看球賽。在我小時候，他們鼓勵我投入體育活動，而且，不管我自己或別人在棒球場、足球場、籃球場或保齡球館表現得好或差，我都不會過度興奮或過度悲傷。我不喜歡看球的話，這本書就不會存在。此外，因為有許多人教我正確的價值觀和理念，讓我了解生活中哪些事情最重要，我才會寫了這本書。

作者簡介

克雷格・卡爾卡特拉（Craig Calcaterra）

前NBC Sports的首席棒球作家，創建了棒球部落格HardballTalk，也在NPR、彭博社、BBC和ESPN發表文章。

譯者簡介

劉 宗 為

中正大學哲學所博士候選人，譯有《逃避自由》、《當亞里斯多德遇上佛洛伊德》、《關係免疫力》、《超減壓的BMW身心自療法》、《記憶強化全攻略》、《你可以喘口氣》、《預防失智大作戰》等書。

人生散步 024

老派球迷的逆襲：挺球員、背紀錄、重情義，找回看球的初衷與樂趣

RETHINKING FANDOM: How to Beat the Sports-Industrial Complex at Its Own Game

作　者——克雷格・卡爾卡特拉（Craig Calcaterra）
譯　者——劉宗為
責任編輯——許越智
責任企畫——張瑋之
美術設計——陳文德
內文排版——張瑜卿
總 編 輯——胡金倫
董 事 長——趙政岷
出 版 者——時報文化出版企業股份有限公司
一〇八〇一九臺北市和平西路三段二四〇號一至七樓
發行專線／（〇二）二三〇六—六八四二
讀者服務專線／〇八〇〇—二三一—七〇五、（〇二）二三〇四—七一〇三
讀者服務傳真／（〇二）二三〇四—六八五八
郵撥／一九三四—四七二四時報文化出版公司
信箱／一〇八九九臺北華江橋郵局第九九信箱
時報悅讀網——www.readingtimes.com.tw
法律顧問——理律法律事務所　陳長文律師、李念祖律師
印　刷——勁達印刷有限公司
初版一刷——二〇二四年九月二十日
定　價——新台幣三八〇元

時報文化出版公司成立於一九七五年，並於一九九九年股票上櫃公開發行，
於二〇〇八年脫離中時集團非屬旺中，以「尊重智慧與創意的文化事業」為信念。

老派球迷的逆襲：挺球員、背紀錄、重情義，找回看球的初衷與樂趣／克雷格・卡爾卡特拉（Craig Calcaterra）著；劉宗為譯
--- 初版 --- 臺北市：時報文化出版企業股份有限公司，2024.09
面；14.8×21公分. ---（人生散步024）
譯自：Rethinking Fandom : How to Beat the Sports-Industrial Complex at Its Own Game
ISBN 978-626-396-721-2（平裝）
1.CST：球類運動　2.CST：運動競賽　3.CST：運動產業
528.95　　11301267

RETHINKING FANDOM: How to Beat the Sports-Industrial Complex at Its Own Game by Craig Calcaterra

ISBN 978-626-396-721-2　Printed in Taiwan